Louis HOUDARD

AU 2^E ZOUAVES

SOUVENIRS D'ALGÉRIE

Janvier 1865 - Mai 1867

SAINT-DIZIER

IMPRIMERIE G. SAINT-AUBIN ET THEVENOT

J. THEVENOT, SUCCESSEUR

10, PORT DU FORT-CARRÉ, 10

1896

AU 2e ZOUAVES

SOUVENIRS D'ALGÉRIE

DU MÊME AUTEUR :

Etude à propos d'antiquités recueillies en Tunisie. — In-8, 40 pages, 4 pl. lithogr. (*Épuisé*).

L'Art ancien et les moulages du Louvre au musée de Saint-Dizier.— In-8, 52 pages (*Épuisé*).

Vieux souvenirs de la campagne de Syrie. — In-8, 152 pages (*Épuisé*).

Louis HOUDARD

AU 2^E ZOUAVES

SOUVENIRS D'ALGÉRIE

Janvier 1865 - Mai 1867

SAINT-DIZIER

IMPRIMERIE G. SAINT-AUBIN ET THEVENOT

J. THEVENOT, Successeur

10, PORT DU FORT-CARRÉ, 10

1896

AVANT-PROPOS.

L'accueil bienveillant fait à la publication d'une partie de mes Mémoires militaires, *Vieux Souvenirs de la Campagne de Syrie*, m'engage à laisser encore à mes chers enfants et à offrir à mes amis le résumé d'autres notes recueillies en Algérie, que je n'avais cependant pas destinées à l'impression.

J'adresse donc à mes premiers lecteurs mes remerciements les plus sincères et je réclame des nouveaux, pour ce modeste écrit, leur plus grande indulgence, en les prévenant toutefois que si, dans certaines descriptions locales ou topographiques, ils trouvent des différences sensibles avec l'état de choses actuel, ils ne devront pas oublier que ces pages ont été rédigées il y a plus de 25 ans et que je n'ai pas cru devoir en modifier le caractère. Je n'ai fait que compléter quelques détails personnels.

Mais avant de transporter le lecteur avec moi sur le sol africain, et pour ne laisser aucun doute défavorable à l'auteur, dans l'esprit de ceux qui ne sauraient s'expliquer comment il se retrouva simple soldat au 2e zouaves après avoir été pourvu, en 1863, du grade de sergent-major au 5e de ligne, proposé même pour sous-lieutenant, je n'ai qu'une explication à donner : c'est que je n'y ai été contraint par aucune autre volonté que la mienne ; caprice de jeune homme, si l'on veut, qui, dans ma pensée, s'expliquait par un besoin de chercher à conquérir des grades ailleurs que dans les garnisons de France.

Sans cesse poursuivi par cet idéal, depuis le moment où mon protecteur, le colonel Caubert, me fut ravi par la destinée, et me trouvant au régiment qu'il venait de quitter, comme privé d'un père, je fis librement les démarches nécessaires pour passer au 2e zouaves.

J'avais choisi ce régiment, parce que sa brillante histoire militaire m'avait séduit, parce que le 2e zouaves se trouvait toujours en campagne — un de ses bataillons en Algérie, les deux autres au Mexique, à l'époque où nous allons nous reporter, — et que j'avais par dessus tout l'espoir d'aller le rejoindre dans ce lointain pays, où, trois ans auparavant, j'avais déjà failli partir avec les premières troupes.

C'était en 1862, j'étais sergent-fourrier, en garnison à Blois, l'expédition du Mexique venait d'être ordonnée, le général de Lorencez nommé commandant en chef. Les liens d'amitié qui nous unissaient avec le beau-frère du général par suite d'une première alliance avec une parente de ma mère, m'avaient suggéré l'idée de suivre cette campagne que le général de Lorencez allait diriger. J'écrivis aussitôt à mon père pour lui faire connaître mon désir et, quelques jours après, j'apprenais que, non seulement le général voulait bien m'emmener avec lui, mais qu'il me faisait offrir de l'accompagner dans des conditions tout à fait inespérées, c'est-à-dire dans son propre état-major, comme son sous-officier porte-fanion.

A cette nouvelle mon cœur bondit de joie ; c'était une situation que je n'avais pas ambitionnée, c'était plus que je ne désirais ; aussi ma première pensée fut-elle d'aller trouver le colonel Caubert et de lui soumettre la proposition du général. Le colonel me reçut avec sa bonté accoutumée ; il lut attentivement la lettre que je venais de recevoir, réfléchit quelques instants et enfin me demanda ce que je pensais faire. Naturellement j'acceptais avec enthousiasme ; mais lui, plus pondéré, mesurant mieux que moi les conséquences de ce changement d'existence, m'en dissuada tant qu'il put. Tout en reconnaissant que l'offre était bien séduisante à mon âge et pour mon avenir, il me dit que je n'avais pas besoin d'aller courir ainsi les aventures pour arriver, que sa bienveillance m'était acquise, qu'il se chargeait de mon avancement ; enfin il me conseilla fermement de rester à son régiment. Je m'en retournai à la caserne absolument navré du résultat de ma visite ; mais les conseils de mon colonel étaient pour moi des ordres; je ne suivis donc pas le général de Lorencez, à mon très grand regret, et la lecture de ce qui va suivre expliquera pourquoi ma deuxième tentative, en allant aux zouaves avec l'espoir de partir pour le Mexique, n'eut pas plus de succès.

Saint-Dizier, le 1er *février* 1896.

L. HOUDARD.

AU 2e ZOUAVES

SOUVENIRS D'ALGÉRIE

CHAPITRE PREMIER

Départ de Laval. — Marseille, le fort Saint-Jean. — A bord du *Kabyle*. — Les côtes d'Espagne ; Valence. — Traversée houleuse. — Arrivée à Mers-el-Kébir. — Oran. — Notes sur la ville et ses habitants. — Le camp Saint-Philippe. — Le drapeau du 2e zouaves. — Deux bataillons reviennent du Mexique. — Le chien *Tampico*.

Pendant les quatre années écoulées après mon retour de Syrie, j'avais suivi successivement le 5e d'infanterie dans les garnisons de Blois, d'Amboise, de Romorantin, de Lyon, du camp de Sathonay. Je me trouvais enfin, avec le dépôt, à Laval, sous-officier, chargé exclusivement de l'instruction du tir pour les jeunes soldats, lorsque, parvenu à vaincre la résistance de ma famille, ainsi que celle non moins vive de mes chefs militaires, j'obtins du général inspecteur l'autorisation de changer de régiment et de passer au 2e zouaves.

Je partis de Laval le 17 janvier 1865, dans la soirée, à destination d'Oran, en compagnie d'un autre sous-officier du régiment qui se rendait également en Afrique, dans la province de Constantine.

En quittant le 5ᵉ de ligne, en serrant une dernière fois la main de tous ceux qui m'avaient accompagné à la gare, je ne pus réprimer un sentiment de tristesse. C'est que je laissais là de bons camarades, des amis dévoués, des amis enfin que la fraternité des armes procure à ceux qui, vivant sous le même drapeau, savent se confier mutuellement leurs joies comme leurs peines. Ce petit nuage mélancolique dissipé, je dus songer à la réalité qui était de me préoccuper d'une installation aussi confortable que possible pour cette nuit d'hiver à passer dans un wagon de 3ᵉ classe.

A quatre heures du matin je me réveillais à Paris. Après nous être réconfortés et réchauffés dans un restaurant des environs de la gare Montparnasse, mon compagnon de route et moi nous nous rendions à la gare de Lyon, d'où nous partions vers midi. Le lendemain matin nous étions à Lyon. Ayant obtenu la faveur d'y passer la journée, j'en profitai pour aller revoir mes amis des bataillons actifs du 5ᵉ que j'avais quittés au mois d'octobre précédent et, privé de mon compagnon qui m'avait devancé, je repartis dans la soirée pour Marseille où j'arrivai le 20 au matin passablement refroidi, au physique, par ces trois nuits de voyage.

Je me rendis aussitôt au fort Saint-Jean avec lequel j'avais déjà fait connaissance à mon retour de Syrie. Ce fort occupe une très belle position sur le bord de la mer, entre le vieux port et le nouveau; mais il était peu agréable à habiter par suite de la destination qui lui était affectée. C'était le lieu de passage et de réunion, je dirais presque de quarantaine, de tous les militaires isolés, ou en petits détachements qui débarquaient pour se rendre dans l'intérieur, ou qui, venant à Marseille pour s'embarquer, étaient obligés d'y attendre le départ du paquebot devant les transporter. Il y avait continuellement dans ce fort des militaires de tous grades, de toutes conditions et de toutes armes, ce qui nécessitait une discipline des plus sévères, que l'on avait souvent la plus grande peine à faire observer. Sous ce rapport, je n'ai pas eu à me plaindre; portant toujours mes galons de sous-officier, je fus traité comme tel. Je n'étais obligé qu'à me trouver à l'appel de neuf heures du matin, avec tous les autres passagers, après quoi j'étais libre jusqu'à dix heures du soir. J'ai donc pu profiter amplement des cinq journées pendant lesquelles j'ai dû rester à Marseille, pour visiter la ville. J'avais des amis au 24e et au 80e de ligne, cela me donna l'occasion de passer d'excellentes soirées en leur compagnie.

Je fis en outre connaissance, au fort Saint-Jean, de différents sous-officiers qui devaient faire la traversée par le même paquebot que moi. Parmi eux se trouvaient un fourrier du 2e régiment de tirailleurs algériens, dont l'humeur joyeuse nous procura toutes sortes de divertissements agréables pendant le voyage, et un sergent du 76e de ligne passant au 2e zouaves dans les mêmes conditions que moi. Au moment de partir, le chef armurier de ce dernier régiment, ainsi que d'autres militaires revenant du Mexique, malades ou blessés, vinrent encore se joindre à nous.

Notre embarquement eut lieu le mercredi 25 janvier, à bord du *Kabyle*, paquebot des messageries. On leva l'ancre à cinq heures du soir par un temps magnifique ; le *Kabyle* quitta le port de la Joliette et, une heure après, les côtes de France avaient disparu à nos yeux : la nuit était venue.

Je revis la mer avec plaisir, malgré les émotions que j'avais éprouvées pendant mes deux traversées de Syrie et que je n'avais cependant point oubliées.

Au début, notre voyage s'annonça sous d'heureux auspices. Nous n'étions que six sous-officiers dans une cabine de quatorze places, notre table était abondante et suffisamment bien servie, la mer nous était clémente, tout allait bien. A part un mouvement de roulis assez prononcé au travers du golfe du Lion, la nuit nous donna un repos complet.

Le lendemain matin les côtes d'Espagne nous apparurent dans le lointain ; on les longea pendant toute cette journée du jeudi et la nuit suivante, puis on s'en rapprocha davantage dès le matin du vendredi, car nous devions mouiller à Valence.

Vers dix heures, la ville éclairée par un beau soleil se dessina nettement à nos yeux. Bien que la cité proprement dite ne soit pas bâtie tout à fait sur le bord de la mer, nous distinguions fort bien les coupoles et les flèches de ses églises, s'élevant au milieu de pâtés de maisons très étendus. A onze heures nous avions jeté l'ancre, non loin de l'embouchure du Guadalaviar, dans le port du Grao, qui est le port de Valence et qui n'est devenu un lieu de sûreté pour les bâtiments qu'à force de travaux gigantesques, car il n'y existe pas de port naturel. L'avant-port dans lequel nous sommes restés n'est formé que par deux digues à peu près parallèles, solidement construites et qui s'avancent hardiment en mer.

Aussitôt que le bâtiment fut ancré, des douaniers espagnols vinrent à bord remplir leur office, surveillant attentivement ce qui entrait ou sortait du navire qu'ils ne quittèrent qu'au moment de notre départ. On leva l'ancre à trois heures et le *Kabyle* reprit sa course vers Oran.

Entre quatre et cinq heures, la traversée fut égayée par des quantités de marsouins qui vinrent folâtrer dans nos eaux, nageant et sursautant avec la rapidité qui leur est habituelle. Il semblait même, à les voir bondir aussi vivement hors de l'eau, que plus on s'en amusait, plus ils redoublaient d'entrain, de hardiesse dans leurs mutuelles poursuites. Cette particularité me rappela ce que j'avais appris en allant en Syrie, quand pareil spectacle s'était présenté, et j'en conclus que l'apparition des marsouins pourrait bien être un signe précurseur de mauvais temps pour la nuit, eu égard aussi à la chaleur du jour et à la tiédeur de l'atmosphère pendant cette soirée d'hiver.

Mes prévisions étaient justes. Pendant la nuit le ciel se couvrit d'une façon inquiétante, la mer devint très houleuse, enfin l'ouragan se déchaîna, Nous devions arriver à Mers-el-Kébir le lendemain de bonne heure ; mais les côtes d'Afrique étant dangereuses par le mauvais temps, le *Kabyle* n'avança plus que lentement, en louvoyant, pour éviter un sinistre.

La tempête dura toute la journée du samedi ; les vagues soulevées sans cesse par un vent furieux, battaient en tous sens les flancs du paquebot et l'inondaient tellement, que les passagers du pont furent obligés de se réfugier de tous côtés dans l'intérieur du bâtiment. A la tombée de la nuit le vent sembla se calmer. Le *Kabyle* se remit en vitesse sur l'ordre du capitaine qui pensait arriver au port durant l'accalmie ; mais il n'en fut rien : le vent ayant repris, après quelques heures, avec plus de violence encore, le commandant fit stopper en pleine mer, les côtes n'étant plus assez éloignées pour s'en rapprocher sans danger. Pendant cette affreuse nuit, il eût été impossible de distinguer un phare au milieu de la tourmente des éléments en furie.

Je ne puis définir le roulis qui nous ballotta pendant les longues heures où le bâtiment demeura dans cette situation. Ne sachant où, ni comment me tenir en équilibre, j'avais finalement essayé de m'accrocher sur mon lit; mais je m'y trouvais absolument comme sur une boule.

Au lever du soleil, la mer s'adoucit, le *Kabyle* se remit en marche, puis enfin les montagnes d'Afrique se dressèrent devant nous, à notre grande satisfaction, et le dimanche matin, 29 janvier, vers neuf heures, nous étions en rade de Mers-el-Kébir.

A cette époque les travaux du port d'Oran n'étaient pas encore assez avancés pour permettre aux bâtiments d'un fort tonnage de s'y arrêter; la rade de Mers-el-Kébir était donc le port réel du chef-lieu de la province.

Aussitôt débarqués, pendant que les Arabes et les Espagnols de l'endroit se disputaient à qui porterait les bagages des passagers civils, au risque de les laisser tomber à la mer, nous autres, les passagers militaires, nous mettions sac au dos et partions pour Oran situé à environ deux lieues en suivant les sinuosités de la côte.

Je ne parlerai pas de ma première impression à la vue de la terre africaine à Mers-el-Kébir; les pluies torrentielles qui en avaient détrempé le sol depuis deux jours, avaient donné un aspect trop peu habituel à cette contrée. J'y reviendrai plus loin et alors j'essayerai d'en donner une description plus fidèle.

Avant midi notre petite troupe entrait dans Oran. Le jugement rapide que je portai sur cette ville, à première vue, fut tout à son avantage. Elle me plut par sa situation accidentée et pittoresque. Quand je suivis ses rues montantes où allaient et venaient des nègres porteurs d'eau, aux jambes sèches et nerveuses, activant de la voix et du geste leurs malheureux bourricots, qui n'en allaient du reste pas plus vite, quand plus loin je rencontrai des groupes d'Arabes, nonchalamment assis, ou flânant, régulièrement enfermés dans leurs longs burnous, enfin tous ces types divers aux costumes bariolés qui me rappelaient l'Orient, je les regardai curieusement ; tant cette vie nouvelle m'intéressait déjà !

Après avoir passé par le bureau du commandant de place, on nous conduisit au camp Saint-Philippe, lieu de séjour habituel de mon nouveau régiment quand il était à Oran. A cette époque, je n'y trouvai que les 9es Compagnies des 2e et 3e bataillons qui, avec la 9e du 1er bataillon, cantonnée au lazaret de Saint-André, près de Mers-el-Kébir, et la compagnie hors rang logée à la Casbah, formaient le dépôt. Quant à la partie active du régiment, elle était composée des deux premiers bataillons et de l'état-major qui étaient au Mexique et du 3e bataillon en expédition dans le Sud de la province, au delà de Géryville, contre les tribus rebelles des Ouled-Sidi-Cheikh commandées par le célèbre marabout Si-Mohammed-ben-Hamza.

Mon incorporation au 2ᵉ zouaves eut lieu ce même jour, 29 janvier, à compter du 17, date de mon départ de Laval, et je fus placé comme zouave de 2ᵉ classe à la 9ᵉ compagnie du 2ᵉ bataillon. L'accueil que je reçus des sous-officiers du dépôt fut on ne peut plus cordial. Je me rappelle surtout avec le plus grand plaisir celui particulièrement aimable du sergent-major et du fourrier de la compagnie où j'avais été placé et avec lesquels je fus appelé dès le lendemain à travailler aux écritures. Ce fut une bonne fortune pour moi ; car j'appréhendais de faire le service du simple soldat que j'avais peu pratiqué au 5ᵉ de ligne, puisque j'étais resté secrétaire du colonel à peu près depuis mes débuts jusqu'au moment de passer sous-officier.

Je me trouvai par suite très promptement habitué à ma nouvelle condition et, tout en satisfaisant aux exigences de mon service, je pus facilement me livrer à mes observations favorites et prendre des notes sur le pays où j'allais vivre. J'étais d'ailleurs d'autant plus convaincu de cette certitude d'y vivre, que mon espoir d'aller au Mexique fut bientôt déçu, quand j'appris, peu de temps après mon incorporation, que les deux bataillons qui s'y trouvaient depuis 1862, allaient être rappelés.

Voici donc le résumé de mes premières notes telles que je les ai recueillies :

La ville d'Oran, dont le nom arabe *Ouahrân* signifie *la coupure*, était peuplée en 1865 d'environ 25.000 habitants, parmi lesquels les européens figuraient à peu près pour 15.000 et les indigènes pour 10.000. Cette ville est d'origine très ancienne ; on n'a toutefois que des documents fort incomplets sur son histoire pendant les périodes carthaginoise et romaine. Pendant la domination arabe, Oran dépendait du royaume de Tlemcen ; mais des franchises locales très étendues avaient donné un puissant essor à son commerce et à sa marine. Des démêlés de voisinage ou des méfaits de piraterie attirèrent sur la ville la vengeance des Espagnols. Ils prirent pied à Mers-el-Kébir en 1505, s'emparèrent d'Oran en 1509 sous la conduite du cardinal Ximénès et gardèrent cette conquête pendant deux siècles. Elle était retombée aux mains des Musulmans et était possédée par le bey de Mascara, quand les Français y entrèrent le 3 janvier 1831.

Les traces de l'occupation espagnole y étaient nombreuses : les forts Santa-Cruz, Saint-Grégoire, Lamoun, Saint-Philippe, Saint-André, Sainte-Thérèse, de grands magasins d'approvisionnements, la Casbah et le Château-Neuf témoignaient du génie militaire de cette nation et de sa puissance au temps de l'occupation.

L'aspect d'Oran était tout différent de celui des autres villes d'Algérie. Située à la fois au bord de la mer, dans la montagne et sur un vaste plateau, cette ville avait une étendue considérable, eu égard au chiffre peu élevé de sa population.

Par suite de cette disposition fort accidentée, les divers quartiers qui la composaient étaient souvent très espacés les uns des autres. Ainsi le quartier dit de la *Mosquée* ou *Karguentah* et le *Village nègre* faisant partie d'Oran et s'étendant au loin sur le plateau, étaient séparés du reste de la ville par un vaste terrain inculte qui servait de champ de manœuvre et de lieu de campement aux troupes et aux Arabes passant par Oran. C'était d'ailleurs cette partie qui tendait à se peupler et qui, paraît-il, est aujourd'hui complètement transformée. Les autres parties de la ville se composaient du quartier de la Marine avoisinant le port, de ceux du Château-Neuf, de Saint-Philippe et de la Casbah, bâtis à droite et à gauche du ravin de Ras-el-Aïn dont une partie, aboutissant à la mer, avait été comblée. Là se trouvaient la place Neuve d'où l'on avait sur le golfe une vue délicieuse, l'hôtel de-ville, la place Kléber, la préfecture, le boulevard Malakoff. C'est de là enfin que partaient les rues principales dans toutes les directions.

C'était surtout à la Marine que s'était fixée la majeure partie de la colonie espagnole très nombreuse à Oran ; les indigènes Juifs et Arabes habitaient généralement le haut de la ville entre le Château-Neuf et le Camp Saint-Philippe.

Quant au *Village nègre* essentiellement peuplé d'Africains, presque tous de la race noire, il était très curieux à visiter. L'architecture primitive de ses petites maisons carrées couvertes en terrasse, n'avait rien de commun avec le style des autres constructions de la ville. Dans ce milieu, on se retrouvait absolument dans la vieille Afrique.

On rencontrait donc à Oran des Français, des Espagnols, des Marocains, des Maures et des Bédouins ; il y avait encore, en petit nombre, il est vrai, des Anglais, des Allemands et des Italiens. C'était enfin une vraie macédoine de bruns, de noirs, de blancs, de cuivrés, de tatoués, tout cela allant, venant, vaquant à ses affaires et donnant sans cesse à la ville un aspect fort animé.

La jeunesse brillante de l'endroit était représentée par les Israëlites qui, presque tous revêtus de costumes mauresques très riches, se promenaient en dandys et fréquentaient les cafés.

Quant aux Juives dont le type fort beau est généralement resté pur, on les voyait peu. Elles ne sortaient habituellement que le vendredi soir et le samedi. Elles étaient alors couvertes de vêtements enrichis d'or et de pierreries d'un effet superbe. A la façon orientale, elles se teignaient les yeux de *cohul* et leurs ongles des pieds et des mains, ainsi que la plante de leurs pieds toujours nus, étaient rougis avec du *henné*.

Au dehors il était à peu près impossible de juger de la beauté des femmes arabes ou mauresques ; car tout comme dans le Levant, elles se recouvraient entièrement de ce vaste manteau blanc qui m'avait si peu séduit à Beyrouth, et, à travers les plis duquel, elles ne hasardaient qu'un œil timide, qu'elles s'empressaient même de cacher vivement à l'approche d'un étranger.

Les différents cultes religieux exercés à Oran avaient leurs édifices spéciaux : quatre églises ou chapelles, dont la principale, l'église Saint-Louis, du genre espagnol, n'avait rien de remarquable; plusieurs synagogues et deux mosquées. La plus grande des deux, de construction moderne, était entourée d'une assez belle galerie mauresque que j'ai pu seulement parcourir des yeux, puisque les musulmans ne nous permettaient pas, à nous profanes, de pénétrer dans leur temple, ni même de dépasser la fontaine aux ablutions qui en précédait la porte d'entrée.

Il a existé à Oran une troisième mosquée connue sous le nom de mosquée d'El-Hâouri, dont il ne subsistait plus qu'un élégant minaret enclavé dans les bâtiments du magasin de campement militaire. A l'époque où j'étais à Oran, une cigogne avait élu domicile au sommet de ce minaret, car en Algérie, tout comme en Alsace, la cigogne est un oiseau sacré et, loin de chasser ces oiseaux, les Arabes ont l'habitude de les attirer par toutes sortes de soins, de leur préparer même des nids dans les parties élevées de leurs édifices.

Les autres constructions importantes de la ville étaient l'hôpital militaire, très grand, très vaste, admirablement situé, l'hôpital civil en dehors des anciens murs d'enceinte de la vieille ville, la prison civile un peu plus loin, la Casbah où se trouvaient une grande et belle caserne, la prison militaire et la prison arabe, enfin le Château-Neuf et ses divers bâtiments dont j'aurai à reparler.

Quatre routes partaient d'Oran se dirigeant vers les principaux points de la province : Tlemcen, Mascara, Sidi-bel-Abbès et Mostaganem. Un chemin de fer dont j'ai vu commencer la construction, relie maintenant Oran à Alger qui en est éloigné de 410 kilomètres.

Le port était d'un mouillage peu sûr, mais les travaux considérables exécutés pendant et depuis mon séjour dans ce pays, l'ont rendu abordable aux plus gros vaisseaux du commerce et des messageries maritimes. Une véritable montagne de rochers a été jetée à la mer et forme de belles digues avec quais de débarquement. L'une d'elles partant du pied du fort Lamoun se dirige vers le fort Sainte-Thérèse et donne ainsi aux navires qui fréquentent le port un abri que la nature avait refusé à la petite rade d'Oran.

Je reviens au camp Saint-Philippe où, en compagnie de mon fourrier, j'habitais une chambre dans la baraque spécialement réservée aux sous-officiers comptables. Notre unique pièce, séparée en plusieurs compartiments au moyen de cloisons légères, nous donnait à chacun un cabinet où nous avions notre installation particulière, plus un espace commun destiné au bureau. Nous nous y trouvions donc logés commodément et aussi agréablement que possible. De la fenêtre donnant du côté de la campagne, la vue était, à mes yeux, ravissante. Devant nous s'élevait la masse imposante du fort Santa-Cruz, véritable nid d'aigle, un peu plus bas, mais encore bien au-dessus de la ville, le fort Saint-Grégoire, tous deux couronnant des montagnes desséchées, arides, d'un ton chaud et volcanique. En descendant les flancs de la montagne, vers la gauche, les plantations nouvelles d'une forêt naissante, dont la tendre verdure égayait les yeux. A droite, un horizon de mer bleue, puis une partie de la nouvelle et de la vieille ville avec leurs minarets et leurs clochers, leurs toits aux tuiles rouges, ou leurs blanches terrasses. Enfin au pied des roches escarpées formant la base du plateau où était assis le camp, le ravin de Ras-el-Aïn, avec ses jardins de luxe et de produits, peuplés de citronniers, de palmiers et de bananiers aux larges feuilles.

L'entrée du camp se trouvait à l'extrémité d'une des rues principales de la ville ; son accès était en quelque sorte défendu, ou plutôt simplement protégé par le petit fort Saint-André, où se tenait le poste de police. Du côté opposé au ravin, le camp était fermé par un fossé et par un mur crénelé. Enfin, sur la quatrième face, un mur le séparait de l'Atelier de Travaux publics où étaient enfermés des soldats condamnés. Au delà de cette espèce de bagne militaire et en suivant le plateau du côté du ravin, on arrivait à un amas de ruines assez considérable, paraissant remonter à l'époque romaine. On les désignait communément sous le nom de *ruines de Carthage* ; mais je ne me suis jamais expliqué cette dénomination autrement qu'en supposant qu'elle se rapportait à des vestiges d'une ancienne colonie néo-carthaginoise.

Quelque temps après mon arrivée au régiment, mon capitaine me proposa de venir chez lui deux fois par jour donner des leçons de français et d'arithmétique à son fils âgé d'une dizaine d'années. Ces nouvelles fonctions de maître d'école étaient, en vérité, peu dans mes goûts ; mais j'avais à me faire bien voir de mes chefs, j'acceptai avec empressement. Mes leçons durèrent jusqu'au moment où le capitaine quitta la compagnie, c'est-à-dire pendant quatre mois. Mon élève avait un caractère difficile, un esprit peu porté au travail ; cependant je n'ai pas eu trop à m'en plaindre et, quand je dus le quitter, le capitaine m'assura que de tous ceux qui s'étaient occupés de son instruction, c'était encore moi qui avais obtenu les meilleurs résultats. Mon amour-propre s'en trouva flatté ; mais je dois à la vérité de dire que, malgré toute ma bonne volonté, ces résultats étaient peu brillants.

La condition qui m'était ainsi faite dans mon nouveau régiment, condition d'ailleurs tout à fait exceptionnelle, ajoutée aux fonctions d'adjoint au fourrier que j'exerçais toujours, ne contribua pas peu à m'y rendre l'existence très agréable. Et puis, quel était le soldat qui n'eût pas été loyalement heureux de servir dans un régiment comme le 2e zouaves, où les vertus guerrières, l'amour du drapeau, les traditions de l'honneur ont toujours été précieusement conservées !

L'histoire des zouaves commença avec la conquête de l'Algérie, celle du 2e régiment en particulier date seulement de 1852 ; mais durant les quelques années qui s'écoulèrent depuis sa formation jusqu'en 1865, que de gloire amassée sur les nombreux champs de bataille d'Algérie, de Crimée, d'Italie et du Mexique !

Son drapeau, loque sublime aux couleurs noircies, déchiquetées par la mitraille, à la hampe meurtrie en maints endroits, avec son aigle transpercé par un biscaïen ennemi à Magenta ; son drapeau, glorieusement décoré des insignes de la Légion d'honneur après cette bataille, pour la capture du drapeau du 9e régiment autrichien, par le zouave Daurière, d'héroïque mémoire : son drapeau était l'objet de l'admiration, de la vénération de tout ce qui comptait au 2e zouaves.

Lorsque, rapporté tout criblé du Mexique, ce noble témoin de nos victoires paraissait aux jours de solennités militaires, au milieu des foules empressées à contempler ses précieux débris et que, l'épée haute, le colonel commandait le salut *au drapeau*, un frisson de légitime orgueil parcourait nos rangs, l'émotion virile du soldat enserrait nos cœurs ; chacun se sentait envahi de respect pour cet emblème sacré, chacun était pénétré du sentiment qui pousse aveuglément à sacrifier sa vie pour le défendre.

Pour moi, quand plus tard comme sergent, je fus plusieurs fois appelé à l'honneur d'escorter le drapeau à l'un des côtés de l'officier qui le portait, je comprenais que sa gloire rayonnait sur l'uniforme dont j'étais fier et je me sentais moralement grandir sous le charme de son influence guerrière.

Quelques mois après mon retour en France, en 1867, j'appris que l'on avait été obligé de renouveler ce pauvre cher drapeau qui n'était même plus l'ombre de lui-même ; mais avant de s'en séparer, on en fit reproduire l'image au moyen d'épreuves photographiques dont l'une me fut envoyée par mes anciens camarades. Je l'ai toujours précieusement conservée. Les brillantes couleurs du nouveau drapeau restèrent néanmoins surmontées de l'ancien aigle jusqu'en 1870, ainsi que de la croix de la Légion d'honneur. Si mes renseignements sont exacts, cet aigle mutilé doit orner aujourd'hui la salle d'honneur du régiment, avec le portrait du zouave Daurière qui lui avait conquis sa croix à Magenta.

En 1865, le 2e zouaves était commandé par le colonel Lefebvre qui devait bientôt ramener ses deux premiers bataillons du Mexique. La nouvelle de ce retour fut si souvent annoncée et démentie que, quand on nous la donna comme certaine, personne ne voulut y croire.

Cependant, dans la matinée du 2 mai, la vigie du fort Saint-Grégoire signala au large un grand bâtiment de transport qui se dirigeait vers Mers-el-Kébir.

C'étaient bien cette fois nos Mexicains qui revenaient. Il y avait un mois qu'ils avaient quitté Véra-Cruz ; aussi leur satisfaction, en mettant pied à terre, se traduisit-elle par toutes sortes d'excentricités inimaginables, et, on doit le dire aussi, par une noce générale qui dura plus de huit jours, sans qu'il fût presque possible de la restreindre. Jusqu'au moment de leur installation au camp Saint-Philippe, où ils arrivèrent le même jour après midi, accompagnés de chiens, chats, chèvres, singes et perroquets, coiffés de sombreros aux larges bords, les sacs chargés de toutes sortes de bibelots, souvenirs de la campagne, jusqu'au moment où ils eurent reconnu la place qui leur était assignée, tout se passa à peu près bien ; mais après, il fut impossible de les tenir. Les fourriers qui à chaque instant avaient besoin d'hommes de corvée, n'en trouvaient plus. Les zouaves du dépôt, empressés à fraterniser, avaient suivi les Mexicains, de sorte que ce fut un branle-bas général dont il ne fallait que rire, sans se fâcher.

A l'appel du soir, le premier jour, il manqua huit cents hommes, et il est inutile d'ajouter que, dans la matinée suivante, il y en avait bien peu de rentrés. Quand, au rapport du lendemain, le colonel demanda ce qu'il y avait à signaler, s'il manquait beaucoup de monde la veille au soir, et que l'adjudant de semaine lui répondit qu'il ne manquait personne, le colonel ne put s'empêcher de sourire et lui dit : « *Tous ceux que j'ai vus ou entendus cette nuit avaient donc la permission ?* » — « *Je l'ai supposé, mon colonel,* » répondit simplement l'adjudant. Et le colonel, comprenant ce qu'il en était, ajouta : « *Eh bien ! je leur donne quatre jours pour se remettre ; mais le cinquième jour, la discipline la plus sévère fera rentrer dans le devoir tous les délinquants.* » Elle fut malheureusement nécessaire pour un certain nombre qui avaient une peine infinie à reprendre des habitudes d'ordre et de sobriété.

Le jour de son arrivée, la réception du régiment à Oran fut des plus brillantes, les maisons particulières et les édifices publics avaient été pavoisés ; le soir, la ville entière était illuminée et les musiques des chasseurs d'Afrique et de la ligne vinrent donner des aubades aux réunions des officiers et des sous-officiers, auxquelles s'étaient joints ceux des différents corps de la garnison.

J'ai dit qu'à leur arrivée au camp, les bataillons étaient accompagnés de divers animaux ramenés du Mexique. Parmi eux se trouvait un grand chien invalide répondant au nom de *Tampico* qui, durant tout le défilé du régiment à travers les rues d'Oran et malgré le grave inconvénient d'une patte de bois, sut se maintenir en belle place en tête de la colonne, suivant à distance les sapeurs, au milieu des ovations de la foule.

Tampico comptait primitivement au nombre de nos ennemis. Sans doute compagnon fidèle de l'officier mexicain tué pendant une bataille sous Puebla, près duquel on l'avait trouvé gisant, blessé lui-même d'une balle qui lui avait fracassé une patte de devant, ce pauvre chien fut recueilli et soigné par des zouaves. On l'amputa, et l'un d'eux lui ayant ingénieusement fabriqué une fausse patte s'adaptant parfaitement au moignon, on lui permit ainsi de vaquer à son aise aux occupations communes à tous ceux de sa race. Reconnaissant des services rendus, *Tampico* ne quitta plus ses sauveurs et s'expatria sans difficulté pour venir en Afrique, où je le vis encore longtemps adulé, choyé par les civils aussi bien que par les militaires, car l'histoire du chien des zouaves fut promptement connue dans toute la ville.

CHAPITRE II

Le fort de Mers-el-Kébir. — La petite ville. — Panorama de la rade au soleil couchant. — L'Empereur à Oran. — Zou-Zou, mon bon chien. — Procession de la Fête-Dieu. — Oran ; le Château-Neuf. — Le Simoun. — Mon premier grade aux zouaves.

Les baraquements du camp Saint-Philippe étant devenus insuffisants pour loger tous les nouveaux arrivés, ma compagnie que l'on avait d'abord fait coucher sous la tente, reçut l'ordre de partir pour Mers-el-Kébir. Elle alla s'y installer le 6 mai.

La route qui y conduit, en sortant d'Oran par la porte appuyée au fort Lamoun, était très pittoresque. Coupée à pic dans le flanc de la montagne du côté de la mer, elle suivait toutes les sinuosités de la côte sur une longueur de dix kilomètres. A peu de distance de la porte d'Oran, elle passait sous une large voûte taillée dans le roc ; puis, à moitié chemin, elle touchait à l'établissement des *Bains de la reine* où l'on remarquait une particularité naturelle assez curieuse. Non loin du bâtiment élevé en contre-bas de la falaise, dans le jardin formant comme une plage minuscule sur laquelle venait mourir la vague, à cent pieds au-dessous de la route, jaillissait une source d'eau douce, chaude à 47 degrés, tandis que les eaux de la mer n'en étaient séparées que par environ trois mètres d'un terrain sablonneux. Un peu plus loin cette route longeait les anciens baraquements construits pour les déportés de 1851 et servant depuis au logement de la troupe, ou de lazaret aux époques d'épidémies ; puis elle traversait le petit village de Saint-André peuplé de colons espagnols, contournait le fond du golfe pendant l'espace de deux kilomètres, passait au-dessus de Mers-el-Kébir et aboutissait enfin dans l'intérieur de la forteresse qui était entourée d'eau de trois côtés. Ma compagnie qui, avec un faible détachement d'artilleurs, en formait la seule garnison, y fut logée dans des constructions à simple rez-de-chaussée, fort anciennes, couvertes en terrasse, d'où la vue s'étendait sans obstacle vers la pleine mer.

Quelques jours après notre arrivée, le fourrier de la compagnie partit en congé, et je fus désigné pour le remplacer dans le service des écritures. Par suite de cette circonstance, je pris possession de sa chambre où je me trouvai seul, agréablement logé et d'où, chaque samedi matin, je prenais plaisir à surveiller l'arrivée du courrier de France qui m'apportait régulièrement de chères nouvelles.

L'intérieur du fort peuplé de constructions éparses, à usages variés, ne répondait nullement à l'idée que l'on pourrait s'en faire en le comparant à nos forteresses modernes. Après avoir franchi les doubles murailles qui en défendaient l'entrée du côté de la terre, on arrivait dans une vaste cour par une longue voûte qui passait sous la deuxième muraille. A gauche on voyait l'entrée des bâtiments d'un Atelier de Travaux-publics occupé par des condamnés militaires, puis un long parapet gazonné surmonté d'arcades en ruines formant galerie ; au-dessous, une grande citerne et, plus loin, les bâtiments destinés aux cuisines et à la manutention. A droite se trouvaient les habitations du commandant du fort, des officiers et sous-officiers du pénitencier voisin ; ensuite de vastes salles voûtées d'origine espagnole, inoccupées, à l'aspect grandiose dans leur triste nudité. Il y avait encore les bâtiments des officiers de la garnison, de l'administration militaire, enfin ceux affectés au logement de la troupe, au cantinier et au garde du génie, tous deux chargés de la surveillance et de l'entretien de ces constructions diverses.

Au delà de cette première partie, on pénétrait par une nouvelle voûte dans une deuxième plus étroite, non employée, puis dans une troisième réservée au matériel d'artillerie, et toujours armée d'une double rangée de canons en batterie vers la mer d'un côté, de l'autre vers l'entrée du port. Enfin, tout à fait à l'extrémité, à la pointe du cap, se trouvait le phare.

Si Mers-el-Kébir, le grand port, l'ancien *Portus magnus* des Romains, n'a pas changé d'aspect, cette localité est bâtie en amphithéâtre sur le flanc de la montagne, ou plutôt de son soubassement, et les maisons y semblent accrochées les unes au-dessus des autres, tant les pentes sont abruptes et rapides. Les rues descendent donc jusqu'au bord du golfe, le long duquel s'étend un quai large et spacieux, donnant accès aux constructions de la douane et aux habitations des employés du port. Enfin le fort couronne toute cette agglomération, en la dominant de la façon la plus pittoresque.

Restaurée par notre génie militaire, la forteresse de Mers-el-Kébir, œuvre grandiose du cardinal Ximénès qui l'édifia en 1509, après la conquête d'Oran par les Espagnols, était en quelque sorte considérée comme le Gibraltar français. L'œil du promeneur remarquait de toutes parts les armes d'Espagne sculptées sur les vieux murs et respectées par nos contemporains. Quand on parcourait ses voûtes profondes, la pensée évoquait involontairement le souvenir du cardinal qui fut le Richelieu de la monarchie espagnole et l'on croyait apercevoir au bout de quelque sombre galerie, dans un carrefour lumineux, les plis traînants de sa longue robe rouge.

De hauts parapets ceignaient la forteresse, et chaque jour j'aimais à aller contempler le délicieux panorama qu'offraient de ce lieu élevé la rade et le paysage qui l'environnait, tout en entendant le bruit monotone et régulier des vagues se brisant aux rochers. Souvent, le soir, passant près du matelot de vigie observant l'horizon, mes yeux se perdaient vers la France, mes pensées s'élançaient dans l'espace ; puis, revenant aux montagnes d'alentour, je ne pouvais me lasser d'admirer le spectacle magnifique qui se déroulait devant moi.

A cette heure de la journée, le soleil, descendant lentement à l'horizon, noyait dans ses derniers rayons les hautes montagnes enserrant la rade, et les empourprait de flamboyements ardents qui donnaient l'illusion d'un immense incendie.

Bien loin, au Nord-Ouest, au delà de la mer, on apercevait vaguement une masse opaque, confuse dans l'atmosphère dont elle était environnée : c'était la vieille Espagne qui s'avançait, comme si elle convoitait encore son ancienne conquête ; c'était *Torre-Vieja* qui semblait menacer encore la terre de *Los Moros*.

Puis les flots de l'onde reflétaient les nuages qui l'irisaient et la bleuissaient tour à tour, tandis que, sillonnée par des voiles latines, blanches comme des mouettes, la mer murmurait sa plainte éternelle, si douce, si mélancolique dans son calme, si haute, si furieuse et si déchirante dans sa colère.

Au Nord-Est, presque en face de Mers-el-Kébir, mais du côté opposé à la rade, s'élevant à pic derrière une multitude de collines âpres et massives qui semblaient un escalier de Titans, la haute montagne des Lions, le *Karkar* des Arabes, s'élevait avec ses 850 mètres d'altitude, tout d'un bloc, au sommet plat et carré ; plus bas, touchant aux flots, la petite bourgade de Christel avec ses maisons blanches formant des points lumineux parmi les masses d'ombre dont elle était environnée.

En ramenant les regards vers le Sud, dans une anfractuosité s'arrondissant entre deux promontoires sur lesquels se dressaient, d'un côté, les murailles du fort Sainte-Thérèse, de l'autre, le fort Lamoun, on devinait Oran que dominait de sa prodigieuse élévation le *Mourdjajo*, ou montagne de Santa-Cruz et sa forteresse perdue dans les nuages. Puis en retour, à droite, encore un fort, Saint-Grégoire, suspendu, accroché à mi-côte de la montagne, comme un nid gigantesque, parmi les bruyères, les palmiers nains et les rochers granitiques qui longeaient la mer jusqu'à Mers-el-Kébir, formant de leur sommet une masse de lumière que le soleil couchant embrasait de ses plus chauds rayons.

Vers le milieu de cette chaîne, horizontalement, un long ruban blanc se détachait en serpentant et en se déroulant comme une ceinture au flanc de la montagne : c'était le petit chemin conduisant à la prise d'eau. Plus bas encore un autre ruban plus large, suivant la côte parallèlement à la mer : c'était la grande route de Mers-el-Kébir à Oran, sur laquelle s'étendaient deux villages de pêcheurs, avec leurs chaloupes, leurs balancelles et leurs agrès rayés, au bord d'une petite plage sablonneuse, les villages de Saint-Ferdinand et de Saint-André dont la population pauvre et industrieuse se groupait autour des barques pour raccommoder ses filets, son gagne-pain.

Enfin tout à fait sous les yeux, au pied de la forteresse, le port, ses grands vaisseaux, ses bricks, ses goëlettes, ses tartanes, ses péniches, tout un monde qui se remuait, s'agitait, se pressait, les uns pour partir, les autres pour arriver, et se hâtant de gagner la terre.

Puis le soleil se retirait de l'autre côté de la montagne, bientôt l'ombre crépusculaire se répandait sur toute cette belle nature et le spectacle disparaissait pour revivre chaque jour dans toute son intensité.

L'Empereur qui accomplissait à cette époque un grand voyage en Algérie, vint visiter la province d'Oran.

Le 14 mai, à deux heures après midi, dès que l'on aperçut des hauteurs de Santa-Cruz les premiers mâts de la flotte impériale qui venait de doubler la pointe de l'Aiguille, les canons des forts Lamoun et Sainte-Thérèse l'annoncèrent à la population. L'escadre commandée par le vice-amiral comte Bouët-Wuillaumez, composée du vaisseau *le Solférino*, des frégates *la Provence*, *la Normandie*, *l'Invincible* et des frégates cuirassées *la Couronne* et *la Gloire*, heureusement favorisée par une mer splendide, s'avança dans un ordre parfait à distance de la côte, puis elle se rangea en bataille devant le port d'Oran. Aussitôt le yacht impérial *l'Aigle* se détacha de son escorte et pénétra dans le port pendant que tous les bâtiments de l'escadre répondaient aux batteries de terre par d'imposantes bordées de coups de canon. L'Empereur débarqua au bruit assourdissant de toutes ces formidables détonations d'artillerie, puis l'escadre continua sa route et vint jeter l'ancre en rade de Mers-el-Kébir, le vrai mouillage des vaisseaux de guerre.

Le soir toute la ville d'Oran fut magnifiquement illuminée. J'ai rarement vu un coup d'œil plus enchanteur que celui de cette soirée. Du haut de la promenade de Létang dont une partie dominait un grand quartier de la ville, l'effet produit par les milliers de verres de couleur dispersés dans les jardins étagés de l'hôpital militaire, était admirable, et les lumières étaient tellement disposées au sommet des minarets des mosquées, que l'on croyait voir des lustres gigantesques suspendus dans les airs au milieu de l'obscurité la plus profonde.

L'Empereur accompagné du maréchal de Mac-Mahon, gouverneur général, et du général Deligny, commandant la division d'Oran, se promena longtemps à pied dans les rues de la ville, sur les places, toujours entouré et suivi d'une foule d'indigènes de toutes les races, curieux de voir de près le Sultan des Français. Il en était accouru de tous les points de la province ; leur campement installé sur le plateau voisin du *Village nègre* n'était pas ce qu'il y avait de moins intéressant à visiter dans ces jours de fête.

Le 17 mai, ma compagnie fut appelée à prendre les

armes ; elle alla se ranger sur le quai de Mers-el-Kébir pour rendre les honneurs militaires à l'Ambassade marocaine qui devait arriver à bord d'une frégate française. Cette ambassade conduite par le frère du Sultan du Maroc, débarqua au bruit du canon, et tout le cortège de ces personnages à la haute taille, aux traits réguliers, couverts de riches vêtements arabes, défila devant la compagnie ; puis chacun d'eux prit place dans des équipages de la Cour envoyés à leur intention pour les conduire aussitôt à la résidence impériale à Oran.

Le lendemain, le fort de Mers-el-Kébir eut à son tour la visite de Napoléon III. L'Empereur arriva vers deux heures, escorté d'un très nombreux état-major. Il passa lentement entre les deux rangs de ma compagnie formant la haie à l'entrée de la forteresse, puis il entra dans le fort et en visita tous les détails depuis l'Atelier de Travaux-publics jusqu'au phare. Les équipages de la flotte exécutèrent ensuite en sa présence un simulacre d'attaque au moyen d'un débarquement général suivi d'un assaut des batteries d'un ennemi supposé. Cette manœuvre fut pour nous un spectacle des plus attrayants. Le bombardement simulé par l'artillerie de la flotte embossée dans la rade, la fusillade des compagnies de débarquement, leur entrain remarquable donnant l'illusion de la bataille, nous intéressaient au plus haut point.

L'Empereur ne repartit que dans la soirée pour Oran qu'il quitta définitivement le 22, pour retourner à Alger avec toute l'escadre.

Je n'ai pas encore parlé de mon chien Zou-Zou. Voici cependant le moment venu de consacrer un souvenir à ce fidèle compagnon qui ne me quitta qu'en succombant mortellement frappé par une balle. C'était un chien très brave que Zou-Zou. Sa témérité lui valut son nom. Il m'était venu, je dirais presque par succession, du fourrier de la compagnie, au moment de son départ en congé de libération.

Avec son ancien maître il avait fait plusieurs expéditions de guerre, suivant partout les colonnes mobiles dans leurs marches contre les Arabes du Sud de la province. Epuisé par ces courses rapides, la grande chaleur et ses blessures, quatre fois il avait été laissé pour mort sur le terrain ; mais il en était toujours revenu plus intrépide que jamais. Un jour entre autres, au combat de Benoud, le 4 février de cette année 1865, le pauvre chien reçut une balle à la tête et tomba sans mouvement. On le crut mort. C'était au moment d'opérer la razzia, le bataillon poursuivit sa marche sur l'ennemi, puis, après l'action, il alla camper loin de là. Le lendemain et les jours suivants il regagna Géryville. Quatre jours s'étaient écoulés sans nouvelles du chien ; cette fois on le croyait bien perdu. Mais, dans la matinée du cinquième jour, quel ne fut pas l'étonnement de son maître, lorsqu'il aperçut dans la plaine son fidèle Zou-Zou qui accourait au plus vite et qui bientôt lui prodiguait ses caresses ! S'il fut bien reçu, point n'est besoin de le dire ; les zouaves qui l'aimaient l'accueillirent presque en triomphateur.

On sut plus tard comment il s'était retrouvé. La balle qui l'avait touché par côté ne l'avait qu'étourdi. Remis sans doute par la fraîcheur de la nuit, il se rendit au camp le plus proche et se trouva au milieu de soldats de la ligne. Ce n'était pas son affaire ; mais plutôt que de passer à l'ennemi, il resta avec eux et les suivit quelque temps. Deux jours après, avait-il flairé une piste ? on le supposa. Toujours est-il qu'il se lança en avant et disparut. Il rejoignit bientôt un détachement de zouaves dont il avait reconnu l'uniforme, car il leur témoigna sa joie de la façon la plus significative. Il les suivit mieux que jamais et ne les quitta que quand il aperçut enfin les tentes du bataillon. C'est alors qu'il accourut tout joyeux auprès de son maître.

Zou-Zou a toujours été fidèle à son régiment. Perdu au milieu des camps, attiré par d'autres soldats, il sut toujours retrouver les zouaves.

A Mers-el-Kébir il me quittait peu. Lorsque je travaillais, je le voyais sur le seuil de ma porte guettant les allants et les venants, aboyant après tous ceux qui ne portaient pas la grande culotte et la chechia, se démenant enfin comme un enragé quand il apercevait quelque Arabe qu'il ne pouvait pas sentir. Et, le soir, tandis que j'étais à mon bureau, il s'endormait sur mon lit, appuyé contre le traversin ; puis, s'il m'entendait me disposer à me coucher, sans que j'aie besoin de lui demander de me céder la place, il se levait et s'en allait tranquillement à l'autre extrémité continuer son sommeil. Tel fut ce bon compagnon dont j'aurai à dire encore quelques mots plus tard.

Arrivant à un autre ordre de choses plus graves, je tiens à rappeler ici l'importante cérémonie religieuse du 25 juin dont je fus témoin. Je veux parler de la procession de la Fête-Dieu.

Partie du village de Saint-André, escortée de fantassins et de cavaliers, précédée des tambours de ma compagnie — car à cette époque tout se faisait militairement en Afrique — la procession vint se reposer dans l'intérieur du fort, où un autel avait été spontanément dressé par les zouaves et orné de toutes sortes d'attributs militaires. Ce fut au milieu de tout cet appareil guerrier, au bruit du canon se répétant d'écho en écho dans les vallées d'alentour, que le ministre de Dieu répandit sur nous ses bénédictions, et ce ne fut pas sans émotion que je vis ces rudes soldats, ces vieux zouaves éprouvés par de nombreuses campagnes, se prosterner recueillis tout autour de l'autel. Spectacle sublime qui élevait les âmes, les transportait, laissant aux cœurs une impression profondément gravée !

La procession parcourut ensuite les rues étagées de Mers-el-Kébir, décorées des drapeaux des consulats de différentes nations et de toutes sortes de pavillons maritimes. Elle passa sur le quai devant le bâtiment de transport le *Jura*, les paquebots le *Sinaï* et la *Gorgone*, magnifiquement pavoisés, puis elle rentra à Saint-André.

Sur ces entrefaites mon capitaine fut mis à la retraite et quitta l'Algérie pour rentrer en France. Mais avant de partir, il voulut bien parler de moi au lieutenant-colonel de Franchessin (1) qui commandait le régiment en l'absence du colonel Lefebvre. Quelques jours après, le lieutenant-colonel me fit appeler ; il me questionna longuement et, s'étant renseigné sur mon compte près de mes officiers de compagnie, il me promit de s'occuper de moi. Il décida d'abord que je quitterais le dépôt pour passer dans une compagnie active, afin qu'il pût, dit-il, me surveiller de plus près.

Le lendemain de cette entrevue, le 16 juillet, je passais en effet à la 6e compagnie du 2e bataillon, casernée au Château-Neuf à Oran.

Je fus très bien accueilli de mes nouveaux camarades dans cette compagnie qui était alors commandée par le capitaine Villain. Celui-ci me mit immédiatement à la disposition du sergent-major pour la régularisation des écritures fort en retard par suite de la récente campagne du Mexique. Le capitaine Villain était plein de bienveillance et d'aménité pour ses subordonnés qui l'adoraient. Agé de 36 ans à cette époque, il était déjà officier de la Légion d'honneur et parvint ensuite aux plus hauts grades militaires ; gé-

(1) Le lieutenant-colonel de Franchessin, devenu plus tard colonel du 96e de ligne, fut tué glorieusement à la bataille de Frœschviller, le 6 août 1870, en tête de son régiment. Le souvenir de cet épisode tragique nous a été transmis d'une façon fort émouvante par le peintre Moreau de Tours, en son tableau « *En avant* ! *En avant* ! » du salon de 1889.

néral de division en 1885, il commandait encore, ces années dernières, le 9e corps d'armée à Tours.

Installé au Château-Neuf, je pus visiter à loisir cette intéressante forteresse qui était à la fois une citadelle et un palais. En dehors du quartier-général de la division occupé par le gouverneur de la province et son état-major, des troupes y étaient casernées. On y trouvait encore les établissements de divers services militaires, particulièrement la direction du génie.

Cela me remet en mémoire une courte visite que je fis au chef de ce dernier service, peu de temps après ma nomination de caporal, visite reçue d'ailleurs d'une façon passablement refrognée.

Mon parent, M. P...., de Vitry-le-François, m'avait informé qu'il avait lui-même des liens de parenté avec le colonel R...... directeur du génie à Oran ; il me disait qu'on lui avait écrit pour l'intéresser à mon sort et il me recommandait de ne pas négliger d'aller me présenter à lui. Je donnai donc un coup de brosse énergique à tout mon individu et je me dirigeai sans tarder vers la porte du colonel. Le planton m'introduisit bientôt près de son chef. Celui-ci, la tête baissée sur sa table de travail, attaquait sans doute, dans toutes les règles de l'art, une forte colonne de chiffres et, dirigeant ses regards vers moi, sans relever la tête : « Que voulez-vous ? » dit-il, du ton d'un homme que l'on importune. Je déclinai mes nom, prénoms, qualité, parenté, enfin le but de ma visite. Lui, m'interrompant : « Pourquoi avez-vous abandonné votre ancien grade? Qu'êtes-vous venu faire à ce régiment? » — « Mon colonel, j'ai cru mieux réussir en venant aux zouaves. » Et je commençais à lui développer mes raisons, quand, m'interrompant de nouveau : « C'est bien, jeune homme; nous verrons. Allez. » Là dessus, je saluai militairement, je fis demi-tour par principes, comme l'on dit, et je battis en retraite au pas accéléré, tout en me disant que ce brave colonel n'était pas précisément aimable, et qu'apparemment je ne le dérangerais pas souvent. En effet, il ne s'occupa jamais de moi et je ne le revis plus que trois ou quatre ans après dans notre famille réciproque de Vitry-le-François, lui en retraite, moi rentré dans la vie civile. Bien que sachant l'un et l'autre à qui nous avions à parler, nous ne nous sommes pas soufflé mot.

Je ne sus jamais pourquoi il me fit à Oran un accueil si glacial. Chez moi, rien ne pouvait le motiver et je m'étais persuadé *in petto* que ce colonel d'une arme spéciale et savante, comme est le génie, n'appréciait pas au même degré que moi la troupe d'élite qu'étaient et que sont toujours les zouaves. Ma persuasion était si bien ancrée dans mon cerveau, que j'aurais pris en grippe le génie tout entier, avec ses bastions et ses gabions, si je n'avais eu le bonheur de trouver, tout autre à mon égard, un de mes bons amis d'enfance, le capitaine Albert le Blanc qui fut attaché, pendant mon séjour à Oran, au service de cette même direction du génie. Celui-là ne me marchandait pas son estime et sa sympathie, que je lui rendais du reste par une affection et un dévouement sans limite. Je le voyais souvent dans l'intimité. Et, combien je me sentais relevé à mes propres yeux, quand je le rencontrais dans mon service, ou en promenade dans la ville et que, simplement, avec sa bonhomie habituelle, il m'appelait à lui et me traitait plutôt en frère qu'en ami ! Invité maintes fois à partager son repas à la pension des officiers de son grade, malgré la distance qui nous séparait au point de vue militaire, il ne voulut jamais m'entendre employer avec lui une autre formule de politesse que le tutoyement familier de notre jeunesse.

Cette intimité avec mon bien cher ami Albert le Blanc s'est maintenue jusqu'à sa mort, arrivée malheureusement trop tôt pour tous ceux qui l'aimaient. Devenu colonel secrétaire du comité du génie au ministère de la guerre, il succomba le 18 avril 1889, âgé de 52 ans, à la suite d'une courte maladie. Il était à la veille de recevoir les étoiles de général. Cette fin prématurée m'a profondément peiné.

Après cette anticipation sur les événements, je reprends ma description interrompue. A l'extérieur, le Château-Neuf ne se recommandait à l'attention que par sa position pittoresque au faîte d'une colline d'où il dominait la mer, la ville et la campagne, au Sud et à l'Est. A l'intérieur, si l'on voulait voir un beau spécimen de l'architecture arabe, il fallait visiter la grande salle de réception de l'ancienne demeure des Beys.

Cette salle était une véritable œuvre d'art, à laquelle aucun des généraux qui ont successivement gouverné la province, n'avait eu garde de toucher. Elle était dans un état parfait de conservation, ombreuse et mystérieuse comme tout ce qui tient à la vie intime et privée en Orient. Sous ses vastes arceaux que décoraient des arabesques d'une délicatesse infinie, le costume du désert produisait un effet merveilleux.

Appelé par les Arabes le Fort-Rouge, ou Bordj-el-Hameur, le Château-Neuf fut construit par les soldats de Philippe V, roi d'Espagne, sous la forme d'un vaste triangle dont la base regardait la mer au Nord. A l'extrémité de la pointe la plus élevée du triangle, se trouvait le Bordj-el-Hameur proprement dit, dans lequel était enclavée l'ancienne résidence des Beys, la demeure du général.

La grande salle mauresque dont j'ai parlé et qui s'étendait au fond d'une cour ombragée par des mûriers, a été édifiée par les Beys d'Oran, après qu'ils se furent emparés de la ville qui était au pouvoir des Espagnols.

De la caserne que nous occupions, bâtie sur une vaste cour, dominant en terrasse la promenade de Létang et la rade, on avait une vue délicieuse sur la montagne Santa-Cruz, Saint-Grégoire, le port, le fort Lamoun, la haute mer et tous les rivages de la baie jusqu'à la pointe de l'Aiguille du côté d'Arzew. Je ne fis pas un bien long séjour au Château-Neuf, je le quittai au commencement du mois d'août pour rentrer au camp Saint-Philippe avec tout le 2e bataillon.

La chaleur était devenue suffocante à cette époque. Nous ne sortions que le matin pour le service, et le soir pour nos plaisirs, quand nous n'étions pas trop pressés par la besogne. Selon l'habitude en Afrique, pendant l'été, la retraite sonnait à dix heures du matin et, après notre déjeûner, nous pouvions nous livrer aux douceurs de la sieste jusqu'au réveil de deux heures ; mais c'étaient des douceurs bien relatives ; on était tellement inondé de sueur, qu'il était à peu près impossible de dormir.

Un soir, vers cinq heures, après une de ces chaudes journées où l'atmosphère embrasée ne prêtait aucun souffle à la respiration, je crus voir au loin, vers la plaine, la lueur sinistre d'un grand incendie. Tout l'horizon était rougi comme par des flammes que l'on croyait voir se perdre dans des tourbillons de fumée montant vers le ciel. On eût dit que la terre brûlait et que ce feu dévastateur, grandissant toujours, se rapprochait de la ville avec une vitesse vertigineuse. C'était le Simoun, ce vent si terrible du désert, qui engloutit les caravanes quand elles se laissent surprendre dans son courant, le Simoun qui soulève des montagnes de sable dans le Sahara et les transporte jusqu'au milieu des mers, à des centaines de lieues de distance.

Bientôt un vent impétueux passait, se dirigeant vers la mer, culbutant sur son passage toutes les grandes tentes du camp, entraînant avec lui le nuage immense des sables brûlants qui vinrent nous envelopper. Pénétrant par les interstices les plus étroits, ce sable d'une finesse inappréciable envahit nos baraquements, s'amoncela dans tous les coins, dessécha nos gorges par son contact incandescent et obscurcit tellement la lumière du jour qu'il était impossible de voir à quelques pas devant soi. Nous étions au milieu de ce nuage comme dans une fournaise ; c'était un véritable supplice. Une grande heure après, la tourmente se calma et l'on put voir au loin l'immense tourbillon s'abattre dans les eaux du golfe.

Quand on se fut un peu remis de la sensation désagréable du moment, on ne put se regarder sans rire de l'état dans lequel chacun de nous se trouvait. Nous étions absolument couverts de cette poussière rougeâtre et pénétrante ; nos figures, nos vêtements, tout avait disparu sous sa couche. Pendant plusieurs jours nous eûmes à souffrir des suites de cette invasion, nous trouvions du sable partout : nos aliments, le pain, l'eau, tout en était rempli.

Des tempêtes semblables sont fréquentes dans le sud de l'Algérie, vers le désert ; mais rarement elles arrivent aussi impétueuses jusqu'au littoral ; je n'en vis jamais d'autre de ce genre à Oran.

Le 1er septembre, je fus nommé caporal à la 5e compagnie du 2e bataillon et peu de temps après je recevais une lettre de ma famille par laquelle j'apprenais que mon père, s'inquiétant de mon avenir, avait écrit au colonel pour le consulter à mon sujet. Celui-ci étant toujours absent, il avait reçu du lieutenant-colonel la réponse suivante :

« Oran, le 5 septembre 1865

« Monsieur,

« En réponse à votre lettre du 21 août, j'ai l'honneur de vous donner quelques renseignements sur monsieur votre fils. Il a tout pour bien faire et pour arriver. Il a quitté un grade dont il était pourvu dans un régiment en France ; cet abandon d'une bonne position met toujours en suspicion ceux qui le font. C'est ce qui explique le retard apporté dans son avancement ; il fallait que votre fils se fît connaître à nouveau, c'était presque une nouvelle carrière à faire. J'ai de bons renseignements sur son compte. M. le commandant de Boutaud, de l'état-major, nous avait parlé de lui ; je l'ai en conséquence examiné de plus près et je pense que, s'il persiste dans la voie qu'il suit depuis qu'il est au régiment, il arrivera très bien à l'épaulette ; il ne s'agit donc que de persévérer.

« J'ai la satisfaction de vous annoncer que je viens de le nommer caporal.

« Veuillez recevoir etc...

« Le lieutenant-colonel commandant le 2e zouaves,

« DE FRANCHESSIN. »

D'après cette lettre, je vis que le lieutenant-colonel me portait déjà un grand intérêt. Elle eut pour effet d'exciter encore mon courage qui du reste ne m'avait pas fait défaut jusqu'alors.

Un peu plus tard, dans une autre lettre à l'un de ses anciens camarades de Saint-Cyr, M. Joppé, aujourd'hui colonel en retraite, qui m'avait honoré de son bienveillant appui, le lieutenant-colonel disait « que, bien que l'on ne manquât pas de sujets au régiment, il ferait tout ce qu'il pourrait pour me pousser, à condition, bien entendu, que je m'y prêterais ; qu'il allait s'occuper de moi sérieusement et que, s'il venait à quitter le 2e zouaves, ce qui pouvait arriver bientôt, à son grand regret, ajoutait-il, il ferait tout ce qui dépendrait de lui pour me laisser en bonne voie. »

Telle était la situation qui m'était dorénavant faite au régiment, quand arriva subitement un ordre de départ en expédition dans le Sud de la province.

CHAPITRE III

L'insurrection arabe. — Départ en expédition. — L'Oued-Imbert. — Sidi-bel-Abbès. — Le goum. — Le bordj de Sidi-Ali-ben-Youb. — Formation de la colonne. — Marche en avant. — L'Oued-el Haçaïba. — Le camp de l'Oued-Sebah. — Marche de nuit en colonne légère. — Razzia de Mechra-bou-Laksahm. — Retour au camp. — Daya.

Vers la fin de la première quinzaine d'octobre, la nouvelle d'un soulèvement important parmi les tribus sahariennes parvint à Oran.

Ce n'était cependant pas à vrai dire une révolte nouvelle, ce n'était qu'une reprise de la lutte momentanément interrompue.

En effet, le mouvement insurrectionnel avait éclaté dès l'année précédente, au mois de mars 1864, par le massacre de la petite colonne du colonel Beauprêtre, et ce mouvement, assez général dans la province, avait nécessité, pendant le cours de cette année, une répression énergique à laquelle toutes les compagnies disponibles de mon régiment avaient concouru.

Sillonnant dans tous les sens le pays soulevé, les diverses colonnes organisées sur plusieurs points de la province, se multiplièrent pour comprimer l'insurrection et, par leurs marches rapides ainsi que par leurs fréquentes razzias, elles parvinrent à en arrêter le développement.

Cependant au mois de janvier 1865, les dissidents reprenaient les armes sous le commandement de leur jeune chef le Marabout Si-Mohammed-ben-Hamza, et notre 3e bataillon faisait partie de la colonne chargée de les obliger à rentrer dans le devoir. Un engagement sérieux avec les contingents du marabout eut lieu le 4 février, à Benoud, chez les Ouled-Sidi-Cheik, et Si-Mohammed-ben-Hamza, lancé au milieu des nôtres, y fut blessé mortellement après avoir vaillamment combattu. Le marabout tombé, ses partisans, forcés dans toutes leurs positions, s'enfuirent en abandonnant un immense butin.

Les dissidents, refoulés dans les sables, se dispersèrent d'abord en pleine déroute ; puis ils se reformèrent sous les ordres de Si-Lalla-ben-Nacer, oncle du marabout vaincu précédemment, et se retirèrent sur le territoire d'Ouargla d'où ils revinrent peu après.

Pendant les mois de mars et d'avril nos colonnes mobiles furent sans cesse en mouvement, luttant fréquemment contre les Arabes et les pourchassant encore le mois suivant jusqu'au delà des oasis du Sud. La sécurité paraissant rétablie, du moins pour le moment, les colonnes rentrèrent le 15 juin dans leurs cantonnements respectifs.

Mais les germes de l'insurrection n'étaient pas étouffés. Loin d'avoir donné des gages de soumission, la grande tribu des Hamyane-Garabas, les Trafis et les Beni-Matar, principalement, se soulevaient de nouveau au mois d'octobre sous le commandement du marabout Si-Kaddour-ben-Hamza, frère de Si-Mohammed-ben-Hamza, tué à Benoud, et sous la haute direction de Si-Lalla-ben-Nacer, leur oncle.

Il devenait donc indispensable, pour assurer la paix, de contraindre ces ennemis insaisissables à reconnaître et à accepter notre domination. C'est dans ce but que l'on se décida à former de nouvelles colonnes dont les opérations combinées devaient aboutir à ce résultat.

Les progrès du nouveau soulèvement marchaient d'ailleurs avec une certaine rapidité ; car déjà les premières nouvelles nous apprenaient que les colons de la fertile plaine d'Egris, qui s'étend de Sidi-bel-Abbès à Mascara, étaient en fuite abandonnant tout à la rage des Arabes qui pillaient leurs biens et incendiaient leurs fermes, C'est sur ces entrefaites que le général Deligny, commandant la province, ordonna l'organisation des troupes devant se porter au secours des malheureux colons et arrêter la marche de l'ennemi. Deux corps principaux durent se former, l'un à Géryville sous les ordres du colonel de Colomb, l'autre à Ben-Youb, sous la direction du général Lacretelle. Je n'aurai à m'occuper que de ce dernier corps dont je fus appelé à suivre les opérations.

Quatre compagnies du régiment, les 3ᵉ, 4ᵉ, 5ᵉ et 6ᵉ du 2ᵉ bataillon se disposèrent donc à partir au premier signal. Le capitaine de l'une de ces compagnies, la 4ᵉ, se trouvait dans l'embarras par suite du départ en France de son sergent-major qui avait obtenu un congé quelques jours avant la nouvelle de l'insurrection arabe, et de l'état d'indisponibilité de son fourrier qui, malade, venait d'entrer à l'hôpital. Cette circonstance toute fortuite fut heureuse pour moi : elle me procura l'avantage d'être choisi pour suppléer les absents. Je quittai donc momentanément la 5ᵉ, où j'étais caporal, pour aller remplir les fonctions de sous-officier comptable à la 4ᵉ qui en était dépourvue, et cet état de choses se prolongea durant trois mois.

Outre les quatre compagnies de zouaves que je viens de citer, la colonne devait encore être composée de différents corps de l'armée d'Afrique, infanterie, cavalerie et artillerie, et formée dans des conditions telles, que tous ceux qui ne se sentaient pas capables de la suivre dans des marches longues et rapides, ne devaient pas quitter la portion sédentaire de leur régiment. On devait même remplacer d'office, dans les compagnies appelées à partir, tous ceux dont la constitution n'offrait pas des garanties assez sérieuses de solidité, ou d'endurance, pour résister aux dures épreuves qui attendaient la colonne expéditionnaire. La suite nous apprendra que ces précautions n'étaient pas inutiles.

Dans la soirée du 15 octobre, le demi-bataillon du 2ᵉ zouaves reçut l'ordre de se mettre en route le lendemain pour Sidi-bel-Abbès. C'était là que les troupes devaient se réunir et se ranger sous les ordres du général Lacretelle, commandant la subdivision dont cette ville est le chef-lieu.

Le 16, à cinq heures du matin, notre petite troupe forte d'environ 500 hommes se mit donc en marche pour aller camper au Tlélat, à vingt-huit kilomètres d'Oran. L'état-major du régiment, la fanfare, presque tous les officiers des autres compagnies, un grand nombre de nos camarades vinrent nous conduire jusqu'à une heure de la ville. Tout le monde était joyeux et marchait gaiement au son de l'*air des chacals*, la marche des zouaves.

Malgré la chaleur excessive du jour et le poids considérable de nos sacs chargés de tout notre matériel d'habillement et de campement, de trois jours de vivres en pain et biscuit, riz, sucre, café; de soixante cartouches, etc., cette première étape fut rapidement enlevée.

Nous avions traversé le petit village de la Sénia, celui de Valmy qui s'élève sur l'emplacement de l'ancien camp du Figuier, où l'on avait pris le café selon la mode d'Afrique, c'est-à-dire une vraie soupe au café; puis arrivés à l'extrémité de notre route sablonneuse, nous nous étions arrêtés au village de Sainte-Barbe-du-Tlélat qui est bâti sur la petite rivière de l'Oued-Tlélat. On dressa les tentes en dehors du village, sur le bord de la rivière, et une demi-heure après nous étions installés. Je m'endormis profondément dès le commencement de la soirée, sur ma couche de terre nue, sans nul souci des hurlements des animaux sauvages qui vinrent rôder toute la nuit autour d'un abattoir voisin du camp, et, le lendemain matin, quand le soleil se leva, nous avions repris notre marche.

A partir du Tlélat les montagnes s'élèvent garnies de plantes sauvages et de quantité de palmiers nains. Dans quelques vallées seulement, arrosées par de minces cours d'eau, on vit un peu de culture. C'étaient des champs d'orge ou de froment, semés par les Ouled-Ali dont les tribus occupaient ce territoire. On fit la grande halte sur le bord d'une rivière garnie des deux côtés de lauriers roses magnifiques, mais dont l'eau vaseuse nous fit prendre un café détestable et par suite un fort mauvais déjeuner.

Après midi, la chaleur fut encore plus suffocante que la veille et causa sans doute l'incendie qui dévora en quelques instants la végétation desséchée d'une colline voisine de la route. Tout le versant près duquel nous passions était en flammes et le feu courait sur cette terre déjà tant échauffée par le soleil, avec une rapidité surprenante. Peut-être aussi l'incendie avait-il été allumé par quelque indigène d'un douar situé non loin de là, et dont nous apercevions les tentes aux couleurs sombres; car on sait que les Arabes ne connaissent pas d'autre moyen de fertiliser la terre que de brûler les broussailles sur place. C'est le seul engrais qu'ils emploient pour faire pousser les pâturages dont ils nourrissent leurs troupeaux.

A deux heures, nous étions arrivés dans la belle vallée de l'Oued-Imbert et nous campions au milieu des palmiers nains, près d'un caravansérail isolé qui marquait notre étape. Nous avions fait trente kilomètres.

Le caravansérail de l'Oued-Imbert a été construit depuis l'occupation française. C'est en quelque sorte une hôtellerie où l'on trouve tout ce dont on peut avoir besoin en voyage, pourvu cependant que l'on ne soit pas trop exigeant. Les murs d'enceinte très solides et très élevés sont percés de créneaux, en prévision d'attaque à main armée par les Arabes.

Comptant bien ne quitter notre campement que le lendemain matin, comme d'ailleurs l'ordre de route nous l'avait indiqué, on ne pensa pas à se reposer de trop bonne heure. La soirée délicieuse nous donnait la jouissance d'une douce température : alors beaucoup d'entre nous se réunirent par petits groupes près des tentes, sous le ciel étoilé, et, tout en dégustant quelques bouteilles de vin achetées au caravansérail, les vieux zouaves, heureux de se retrouver dans la broussaille, devisaient à qui mieux mieux sur la nouvelle campagne, chacun apportant dans ses prévisions le fruit de sa propre expérience.

Malgré le plaisir que j'éprouvais à les entendre, je me retirai vers dix heures sous ma tente-abri et je m'y endormis d'un si profond sommeil que je n'entendis pas, une heure après, le clairon qui sonnait à quelques pas de moi la marche du régiment. On me secoua pour me réveiller, et, quand je me décidai à sortir de ma petite maison de toile, ne comprenant rien à ce qui se passait, je vis tous les hommes occupés à abattre les tentes et à boucler les sacs. Sans prendre le temps de rien demander, je compris que l'on se disposait à partir et je me mis en devoir de faire comme les autres. Un instant après le clairon appelait les fourriers et l'on nous envoyait au caravansérail pour recevoir une ration d'eau-de-vie par homme. J'appris alors qu'un spahi venait d'arriver de Sidi-bel-Abbès, porteur d'une lettre du général ordonnant au commandant du détachement de nous faire partir immédiatement pour cette ville où nous devions recevoir le lendemain matin de nouveaux ordres.

A minuit, la ration d'eau-de-vie distribuée, le détachement se remettait en route. Pendant la première heure de marche, la conversation et les chants furent très animés ; mais petit à petit les voix s'apaisèrent, et bientôt il eût semblé que l'on marchait en somnolant par une nuit des plus sombres. On n'entendait plus que le cliquetis des sabres dans leurs fourreaux de fer, pendant que, dans la campagne, retentissaient sans cesse les aboiements sauvages des chacals et les cris rauques et plaintifs des hyènes.

L'aspect du paysage qui se déroule sur tout le parcours de cette route est très varié, principalement aux alentours du petit village des Trembles qu'elle traverse ; mais l'obscurité ne me permit pas d'en apprécier la beauté. Nous n'avions pas de lune, je ne vis que des masses noires figurant les montagnes, et, alourdi par le poids de mon sac et de mes armes, je sentis surtout les montées fréquentes que nous étions obligés de gravir. Vingt-quatre kilomètres séparent l'Oued-Imbert de Sidi-bel-Abbès où nous arrivions le 18 à sept heures du matin.

Dès notre arrivée sous les murs de la ville, nous avions pu nous convaincre par nous-mêmes de la nécessité de la marche de nuit précédente, comme de la nouvelle marche forcée que nous allions entreprendre pendant le reste du jour. De tous côtés arrivaient des colons effarés, fuyant la plaine avec des voitures, des mulets ou des chameaux chargés de mobilier entassé pêle-mêle, ainsi que des quelques récoltes qu'ils avaient réussi à sauver du pillage. L'insurrection gagnait donc du terrain.

Notre détachement ne pénétra pas en ville. Sur l'ordre du général, qui venait de partir en avant avec la cavalerie, on nous fit simplement former les faisceaux près de la porte d'Oran et les fourriers de chaque compagnie furent envoyés aux magasins militaires pour recevoir huit jours de vivres de campagne par homme. Je m'y rendis donc avec mes hommes de corvée et, pendant que les premières compagnies se faisaient servir, je m'échappai quelques instants pour parcourir la ville.

L'établissement de Sidi-bel-Abbès situé derrière la première chaîne de montagnes qui s'étend à plus de 20 lieues au sud d'Oran, fut fondé en 1843 par le général Bedeau, comme poste-magasin auquel les soldats donnèrent le nom de *Biscuitville.* Il comptait alors parmi cette série de points de ravitaillement qui, de vingt en vingt lieues, s'élevaient sur deux lignes parallèles des bords de la mer à l'intérieur, dans toute l'étendue de la province.

Ce poste prit promptement une grande importance, en raison du choix heureux de son emplacement. Dès 1849, c'était déjà une jolie petite ville, toute neuve, qui s'élevait dans un lieu où l'on ne voyait autrefois que des broussailles solitaires dominées par la *Koubbah* (1) de Sidi-bel-Abbès, d'où lui vient le nom qu'elle a conservé.

En véritable oasis, au milieu d'une vaste plaine, sur la rive droite de l'Oued-Mekerra, la ville était comme perdue parmi les massifs de verdure qui lui donnaient une physionomie particulière agréable à l'œil. Ces plantations, qui ombrageaient ses rues et ses places, semblaient de loin une forêt du milieu de

(1) *Koubbah,* sorte de chapelle couverte d'un dôme que les Arabes élèvent en l'honneur d'un saint marabout et généralement sur le lieu de sa sépulture.

laquelle se détachait, à moitié voilée, l'éclatante blancheur des maisons. Elle se divisait en ville militaire et ville civile, toutes deux bien percées et bien bâties, où l'on remarquait quelques grandes et belles constructions, principalement dans la partie militaire, un vaste quartier de cavalerie, la caserne d'infanterie, les bâtiments du génie et des subsistances militaires, la résidence du commandant supérieur, etc.. A cette époque, Sidi-bel-Abbès comptait environ 8.000 habitants ; aujourd'hui sa population est à peu près triplée.

Pressé par le peu de temps dont je pouvais disposer, je ne pus voir que très superficiellement l'intérieur de cette charmante petite ville. Quand je revins aux magasins de vivres, la distribution était commencée pour ma compagnie. Bientôt après, nous avions rejoint le gros du détachement en dehors de la ville et, pendant que les caporaux partageaient entre tous nos hommes cette énorme quantité de biscuit, de sucre, de café, de riz et de lard salé que nous venions de recevoir, je pris un peu de repos et de nourriture, ce que je n'avais pas fait depuis la veille.

Sur ces entrefaites, l'ordre de départ nous avait été communiqué : nous devions aller camper à environ trente kilomètres plus loin, près d'Aïn-el-Hadjar, où nous attendait le général. Fort heureusement un chemin praticable aux voitures nous conduisait jusque-là ; on put faire charger et transporter nos sacs sur des chariots. C'était pour nous un grand soulagement. Aussi, comme nous n'avions à porter que nos carabines et notre provision de cartouches, la marche fut plus rapide que de coutume.

A dix heures du matin, nous avions rompu les faisceaux et reformé nos rangs pour gagner la plaine qu'arrose la Mekerra.

Chemin faisant, une grande quantité de cavaliers arabes armés d'yatagans et de flissas, de ces longs fusils qu'ils appellent *moukalas* et de pistolets, rejoignit par groupes notre colonne et la devança, se portant dans la même direction que nous. C'étaient des cavaliers du *goum* conduits par leurs caïds et leurs aghas superbement montés, qui se rendaient à l'appel du général pour combattre les rebelles.

Le *goum* est le nom par lequel on désigne en Algérie la réunion des cavaliers irréguliers du pays. Dans chaque tribu soumise et fidèle, tous ceux qui possèdent un cheval et des armes sont enrôlés dans cette sorte de milice indigène et, le jour du combat arrivé, dirigés par leurs chefs respectifs, ils viennent se ranger sous les ordres des officiers français des Bureaux arabes de leur contrée. Tous ces cavaliers portent uniformément un burnous de couleur brune par dessus leurs vêtements de laine blanche, comme marque distinctive du corps auquel ils appartiennent. Ils forment une excellente troupe qui, dans maints combats, s'est toujours signalée par sa valeur et son courage.

Environ deux heures après notre départ, quelques spahis venus à notre rencontre par ordre du général, s'approchèrent du commandant pour lui remettre la correspondance dont ils étaient chargés ; celui-ci, en ayant pris connaissance, nous fit faire une pause d'un quart d'heure et donna l'ordre de charger les armes.

Nous nous étions arrêtés sur un petit plateau d'où l'on dominait une grande partie de la plaine. De cette position élevée nous distinguions au loin des groupes de burnous blancs qui fendaient l'espace au galop de leurs chevaux, et nous les prenions pour des ennemis. Aussi ce ne fut pas sans une certaine émotion, je dois le dire, que je glissai cette cartouche dans ma carabine. J'éprouvai un sentiment étrange, ce sentiment que tout soldat doit ressentir quand il est appelé à se servir de ses armes pour combattre l'ennemi de près. Je ne me doutais pas alors qu'il nous faudrait marcher encore longtemps avant de l'atteindre. Quand on se remit en mouvement, j'étais plus alerte que jamais ; je ne pensais plus aux nombreux kilomètres déjà parcourus.

A partir de cet endroit, l'aspect de la campagne devient de plus en plus sauvage, le chemin est sablonneux et les quelques maigres arbustes qui croissent sur ce terrain inculte sont bien distancés en vigueur par une énorme quantité de fenouils s'élevant souvent à une hauteur de deux à trois mètres.

Les Arabes n'inquiétèrent nullement notre marche. A quatre heures, nous arrivions enfin dans un vallon tout verdoyant et ne ressemblant en rien à la contrée que nous venions de traverser en dernier lieu.

Le général, les chasseurs d'Afrique, les spahis et le goum nous y attendaient paisiblement campés près d'un petit bois, autour d'une sorte de réservoir naturel alimenté par un frais ruisseau. C'était là le camp d'Ain-el-Hadjar, que les zouaves appelèrent plus simplement le *camp de la mare*.

Ce fut avec un vrai bonheur que je vis ma tente se dresser par les soins du soldat qui me servait d'ordonnance et que je m'y reposai avec mon brave Zou-Zou qui m'avait fidèlement suivi et qui ne pensa guère à me quitter de la soirée. En effet, depuis la veille, c'est-à-dire dans l'espace de trente heures, nous avions franchi 84 kilomètres, pour ainsi dire sans repos et, une grande partie du temps, sous un soleil brûlant.

Pendant que les tentes se montaient, le général Lacretelle fit sonner : *à l'ordre, aux sergents-majors*. Comme j'en remplissais les fonctions, je me rendis à l'appel. Le général nous dicta personnellement ses prescriptions. Mais avant de les donner, trouvant sans doute que mes doubles galons de laine, de caporal, détonnaient à côté des doubles galons d'or des sergents-majors réunis autour de lui, il m'interpella d'un ton un peu sec : « Caporal, pourquoi votre sergent-major ne répond-il pas lui-même ? — Mon général, il n'a pu suivre la colonne, il était en France au moment du départ. — Alors votre fourrier devait répondre à sa place ? — Mon général, il est à l'hôpital d'Oran ; je suis chargé de les remplacer tous deux pendant la durée de l'expédition. » Là-dessus il me toisa des pieds à la tête. J'étais correct ; il conclut en disant : « C'est bien ; écrivez. »

Nous devions rester là deux jours ; mais par suite de dispositions nouvelles survenues pendant la nuit, le général fit lever le camp dans la matinée du lendemain et toute la troupe dut se transporter à quatre lieues vers l'Est, près du bordj de Sidi-Ali-ben-Youb.

Les 300 cavaliers du goum, avec leurs étendards verts et rouges déployés, surmontés du croissant, partirent les premiers en avant-garde. Venaient ensuite l'escadron des spahis, le général et son escorte, l'escadron des chasseurs d'Afrique, puis les quatre compagnies de zouaves formant l'arrière-garde.

Le spectacle de ce départ, sous un brillant soleil, fut splendide, quand tous ces cavaliers gravirent prestement les pentes douces de la colline qui se dressait devant nous. Les couleurs variées du goum, les burnous blancs et rouges des spahis, les dolmans bleus des chasseurs, le scintillement des armes, les notes éclatantes des trompettes donnaient à tout cet ensemble un ton, un aspect absolument entraînants.

A dater de ce moment, on ne suivit plus de chemin tracé, si ce n'est de temps à autre quelque sentier battu par les Arabes : le plus souvent on marcha tout bonnement devant soi, à travers les touffes d'alfa, les cailloux et les broussailles. A deux heures après midi nous établissions notre camp sur la rive gauche de l'Oued-Tifillis qui coule non loin du bordj et qui est un affluent de l'Oued-Mekerra.

La petite forteresse de Sidi-Ali-ben-Youb servait à cette époque de prison à des Arabes condamnés ou détenus préventivement. Ils y étaient enfermés, je devrais plutôt dire enfouis, dans des silos, d'où il leur était impossible de sortir, même quand le silo était ouvert, sans le secours d'une échelle ou d'une corde.

Les silos affectés à cet usage à Ben-Youb consistaient en un grand trou creusé en terre à une profondeur de 4 à 5 mètres. Leur forme intérieure était exactement celle d'un tronc de cône régulier dont la base pouvait avoir environ 3 mètres de diamètre et le sommet, au niveau du sol, environ un mètre et demi. L'entrée de ce trou béant était protégée, comme celle d'un puits, par une margelle en maçonnerie sur laquelle était fixé un couvercle ajouré fermant à clef ; au-dessus s'élevait une charpente légère en forme de toiture.

Ces silos et leurs habitants étaient tout ce que pouvait présenter de curieux le bordj de Ben-Youb.

Notre séjour en ce lieu se prolongea jusqu'au 23 octobre. Dans l'intervalle, c'est-à-dire durant ces trois journées d'un repos bien gagné, on nous distribua des

vivres afin que nous puissions toujours nous mettre en route avec une provision de huit jours d'avance, et,

dans le même temps, l'effectif de la colonne d'expédition s'augmenta considérablement. Un bataillon du 2e tirailleurs algériens et six nouvelles compagnies du 2e zouaves vinrent se joindre à nous. Ces dernières étaient conduites par le colonel Lefebvre qui, dès son arrivée, prit le commandement des dix compagnies du régiment ainsi réunies et qui furent organisées en deux bataillons.

A la suite d'une réquisition ordonnée par le général, dans les tribus voisines, des chevaux et des mulets avec leurs conducteurs arabes furent répartis dans les compagnies pour le transport des bagages indispensables et, tout étant bien organisé, on se mit en route dans la matinée du 23.

En partant de Ben-Youb on passa d'abord près des ruines de plusieurs fermes qui avaient été incendiées par les Arabes, puis on pénétra dans des défilés boisés en remontant le cours fort desséché de l'Oued-Tifillis pendant la majeure partie du chemin. Il nous fallut même traverser cette rivière nombre de fois dans l'espace de quelques heures ; mais les rocailles de son lit s'y prêtant à merveille, il nous fut facile de la franchir chaque fois sans nous mouiller. Dès que l'on quittait le défilé sinueux tracé par le cours de la rivière, on se trouvait en pleine forêt où les chênes verts, les thuyas, les lentisques, les genêvriers, les tamarins, les arbousiers, etc., s'épanouissaient en massifs épais et impénétrables, tant étaient nombreuses et enchevêtrées les plantes grimpantes qui enserraient toute cette végétation.

Vers trois heures après midi, on s'arrêta dans un endroit très avantageux pour l'emplacement d'un camp. Ma compagnie, qui était de grand'garde ce jour-là, alla prendre position sur un mamelon boisé d'où la vue s'étendait, d'un côté, sur la vallée où s'était établi le gros de la colonne, de l'autre, sur les montagnes qui coupent le pays en tous sens.

Les perdrix rouges et les lièvres abondaient dans cette contrée sauvage et inculte ; aussi notre repas du soir fut-il plus copieux et plus varié que d'ordinaire. Ainsi réconfortés, et après une bonne nuit passée sur une épaisse couche d'alfa dont nous avions eu soin de garnir nos tentes pour nous garantir de l'air vif de la montagne, chacun se remit gaiement en marche le lendemain, dès six heures du matin.

Au moment du départ les coureurs arabes du général vinrent lui apprendre que les Hamyane renforcés par les Beni-Matar, contre lesquels nous marchions, avaient campé la nuit précédente à environ six lieues de l'endroit que l'on venait de quitter. Il partit aussitôt avec le goum et toute la cavalerie régulière, laissant marcher les différents corps d'infanterie sous les ordres du colonel Lefebvre.

La contrée que nous traversâmes pendant cette matinée était encore plus accidentée et plus boisée que celle parcourue la veille. Les arbres de ces forêts étaient si resserrés, si touffus, que de place en place on en rencontrait d'énormes, complètement desséchés, suspendus les uns aux autres par leurs branches. J'ai remarqué en effet des genêvriers gigantesques morts sur place depuis des années sans doute, dont le tronc pourri était tombé en poussière, et qui toujours debout, presque droits, restaient maintenus par les rameaux vigoureux d'autres arbres.

Au débouché de la forêt, la colonne arriva dans la vallée où les Hamyane avaient campé la nuit précédente. Les marques évidentes du séjour de la tribu et de ses troupeaux en cet endroit nous confirmèrent l'exactitude des rapports de nos coureurs indigènes. Nous étions bien sur les traces des rebelles ; néanmoins on n'en vit aucun.

Après avoir suivi toutes les ondulations de cette vallée, sans le moindre incident, le colonel commanda la halte et nous fit camper sur les bords d'une petite rivière l'Oued-el-Haçaïba, dont le cours me parut bien capricieusement établi par la nature. Il était midi quand on fut installé.

On prit le café peu après l'arrivée ; puis les cuisiniers remirent les marmites sur le feu, pensant nous faire manger la soupe dans la soirée, et les amateurs de fritures partirent pour la pêche.

L'Oued-el-Haçaïba contenait en effet beaucoup de poisson. On en voyait des quantités s'agiter dans de grands trous remplis d'eau qui ne pouvait s'échapper que par un faible courant. Alors la pêche était excessivement simple et facile. Deux zouaves se portaient de chaque côté de la rivière tenant chacun l'extrémité d'un turban déployé, ils mettaient une grosse pierre dans le milieu, laissaient plonger le tout, puis aussitôt ramenaient sur l'un des bords cet engin improvisé garni de barbeaux de toutes grosseurs ; c'était le seul poisson du reste que l'on pouvait rencontrer dans les rivières d'Algérie.

Nous étions fort occupés à ce plaisir pacifique qui nous faisait espérer un régal inaccoutumé, quand, vers trois heures, le clairon vint nous rappeler à la réalité du moment et détruire toutes nos espérances, par une sonnerie absolument inattendue. Il appelait les fourriers à l'ordre ; il y avait donc du nouveau.

En effet, un exprès envoyé par le général venait d'arriver au camp, porteur d'un message prescrivant au colonel d'amener immédiatement ses troupes à l'Oued-Sebah à environ vingt-cinq kilomètres du point où nous nous trouvions. L'ordre du départ fut aussitôt transmis dans tout le camp. Alors, adieu la friture ! Et comme la soupe n'avait pas encore eu le temps de se faire, on but le bouillon tel qu'il était, on se partagea la viande à moitié cuite et finalement on fit un repas précipité bien dépourvu de saveur. Une demiheure après l'arrivée de l'exprès, nous étions sac au dos et nous nous remettions en route guidés par des cavaliers arabes.

Malgré les bois, les coteaux et les ravins qu'il nous fallut franchir, la marche fut conduite rapidement jusqu'au soir ; mais à la tombée de la nuit, on fut obligé de modérer l'allure et de n'avancer qu'en colonne serrée, afin de ne laisser personne s'attarder dans cette contrée qui nous était hostile.

Vers huit heures du soir, la lune se montra, brillant d'un vif éclat, et vint éclairer notre marche au moment où nous traversions un large plateau entouré de bois de tous côtés.

Le colonel en profita pour nous donner un repos d'un quart d'heure et, tandis que, momentanément soulagé du poids de mon sac, je promenais curieusement mes regards sur le panorama vivant qui m'entourait, mon attention fut attirée par un coin de tableau d'un effet saisissant.

Aussitôt l'arrêt des troupes, les Arabes qui nous accompagnaient s'étaient écartés quelque peu sur le plateau. Isolés les uns des autres, ils avaient étalé leurs burnous sous leurs pieds, et chacun d'eux s'était mis en prières, tantôt se prosternant, tantôt se tenant debout les bras étendus vers le ciel, comme extasiés. Alors, leurs silhouettes vivement éclairées par les reflets argentés de la lune prêtaient à la vue des effets de couleur locale de la plus originale beauté.

J'avais déjà vu souvent les Arabes accomplissant les diverses cérémonies en usage pour leurs prières ; jamais cette pratique religieuse de l'Islam ne m'avait autant frappé qu'en cette belle soirée.

Nous étions rentrés dans la forêt, suivant d'étroits sentiers, toujours éclairés par la lune, lorsque vers dix heures, on aperçut dans le lointain, au travers des arbres, de grands feux allumés par les troupes du camp, afin de nous guider. A voir les vives rougeurs du ciel on eût dit que tout le bois était en flammes.

Peu de temps après, nous arrivions à l'Oued-Sebah où, tandis que les tentes se dressaient à la hâte, on nous distribuait une ration d'eau-de-vie par homme, pour nous payer de la marche forcée de cette grande journée ; puis on nous laissait reposer. Je m'endormis promptement sur ma couche de terre sèche, agrémentée de nombreuses petites souches de bois mort et de cailloux ; mais, quoique passablement fatigué et accablé de sommeil, je fus réveillé avant le jour par le froid. Je me vis donc obligé de quitter ma tente pour aller me réchauffer près d'un foyer qu'un factionnaire entretenait non loin de là. Je m'y tins jusqu'au réveil, enveloppé dans mon manteau, les pieds au feu et fumant tranquillement ma pipe, tout en prêtant l'oreille aux cris des animaux sauvages de la forêt qui faisaient autour de nous leur tapage de toutes les nuits.

Le camp de l'Oued-Sebah (*rivière du lion*) était traversé par un petit cours d'eau d'où il tirait son nom. Ce ruisseau coule au fond d'un beau vallon formé par deux rangées de collines couvertes de pins et de grands chênes, ne laissant qu'un étroit passage au sud, par lequel on pénètre dans la région des Hauts-plateaux voisine du Sahara algérien.

Pendant les premières années de l'occupation française, on constata souvent la présence du lion dans cette contrée ; mais à mesure que la conquête s'étendit, le terrible animal devint plus rare, puis il disparut tout à fait pour se retirer vers l'Ouest, dans les montagnes du Maroc.

A l'époque où j'y vins camper, l'Oued-Sebah voyait assez souvent des troupes qui y séjournaient quelquefois un certain temps, à en juger par les travaux de terrassement, de même que par les *gourbis* ou cabanes construites avec des branches d'arbres et de la terre, à l'imitation des Kabyles, et qui subsistaient encore en assez bon état au moment de notre arrivée.

Nous y trouvâmes de nouveaux corps de cavalerie et d'infanterie installés depuis plusieurs jours. C'étaient le 10e bataillon de chasseurs à pied, un bataillon du 48e de ligne et deux nouveaux escadrons de chasseurs d'Afrique, du 2e régiment, qui s'étaient adjoints à celui qui nous avait devancés la veille avec le général, sans avoir pu rencontrer l'ennemi.

Cependant il ne devait pas être bien éloigné de nous, d'après ce qui se passa le lendemain de notre arrivée : la capture d'un de ses espions qui eut lieu dans la matinée du 25. Il fut pris par des spahis, tandis qu'il rôdait autour du camp, et amené au général. On le reconnut pour l'un des meneurs les plus dangereux parmi les tribus insoumises ; mais il opposa le silence le plus absolu à toutes les questions qui lui furent adressées. Malgré le mutisme de cet Arabe, son arrestation était, au dire du général, fort importante pour le résultat final de notre expédition. Après lui avoir attaché les pieds et les mains, on le fit enfermer dans une grande tente isolée, non loin du quartier général et garder à vue par deux factionnaires. Cependant cet homme, qui s'attendait à être passé par les armes, employa toute sa ruse et toute sa finesse pour essayer d'échapper à une aussi triste destinée. S'étant d'abord débarrassé de ses liens, il parvint, on ne sut comment, à tromper la vigilance des sentinelles, qui cependant avaient l'ordre de tirer sur lui à la première tentative d'évasion, et il sortit de la tente sans être vu, le jour même de son arrestation, à deux heures après midi. Peut-être se mit-il à courir un peu trop tôt; sans quoi on aurait pu le prendre pour un des Arabes qui campaient avec nous; toujours est-il que son évasion fut découverte à temps et qu'il fut immédiatement poursuivi par les soldats de garde qui criaient: « *arrêtez-le*! — *tuez-le* ! » Il passa rapide comme une flèche à une cinquantaine de pas de moi, gagnant l'intérieur du bois. Pendant ce temps, des spahis étaient montés à cheval et s'étaient aussi lancés à sa poursuite. Ils le rejoignirent bientôt et le ramenèrent au général. Le lendemain matin plusieurs détonations d'armes à feu tirées près du camp nous apprirent que l'espion était jugé et exécuté.

A dater de ce jour, l'expédition prit un caractère sérieux. Le général avait compris que nous pouvions difficilement prendre contact avec les Arabes en continuant à marcher comme on l'avait fait jusqu'alors ; car ceux-ci, parfaitement au courant de nos mouvements, avaient toujours soin de détaler à temps, et chaque jour ils gagnaient du terrain.

Dans le but de trancher la difficulté, le général avait pris depuis quelques jours des dispositions tenues secrètes. Il avait décidé que le camp de l'Oued-Sebah deviendrait le point de départ d'une colonne légère qui ferait une sortie vigoureusement offensive dans la région des Hauts-plateaux occupée par l'ennemi. Les bagages devaient rester au camp avec les malades, sous la garde d'une compagnie par régiment ; chaque homme ne devait emporter avec lui que son manteau, sa demi-couverture de campement, ses armes, ses cartouches et quatre jours de vivres ; enfin toute l'infanterie devait être montée. Le général avait réquisitionné à cet effet tous les chevaux, les mulets et les Arabes disponibles des tribus dévouées à notre cause ; hommes et bêtes devaient être nourris par l'administration militaire, et chaque Arabe devait être payé à raison de 5 francs par jour pendant tout le temps que durerait la sortie.

Rien n'avait encore transpiré de ces préparatifs, quand, le 26, vers trois heures après midi, l'ordre fut donné à chaque corps de se rendre par compagnie à la distribution des chevaux et mulets qui venaient d'arriver au camp, pour partir immédiatement après. Chacun ayant pris les dispositions prescrites par l'ordre du jour, les hommes montèrent aussitôt à cheval et chaque compagnie s'achemina successivement vers le Sud, pour se masser en dehors du camp. A trois heures et demie, l'opération était terminée, toute la colonne était en marche.

Il est impossible de s'imaginer un tableau plus original et plus drôle que celui que présentait l'infanterie cavalcadant ainsi. Zouaves, turcos, chasseurs, soldats de la ligne, tous étaient enchantés de l'innovation et partaient joyeux, lançant à qui mieux mieux les propos les plus gais.

Au bout d'une heure, nous avions quitté le défilé par lequel la vallée de l'Oued-Sebah communique avec le petit désert, et nous laissions derrière nous les montagnes boisées pour nous avancer dans de vastes plaines où l'on ne rencontre, pour toute végétation, que du thym et de l'alfa.

On marcha au trot jusqu'au coucher du soleil, c'est-à-dire durant trois heures, pendant lesquelles je fus rudement sécoué ; puis on ralentit le pas, mais sans aucun arrêt. A partir de ce moment, il fut expressément défendu de parler haut, de fumer, d'enflammer une allumette pour quoi que ce soit. Le premier repos n'eut lieu qu'à neuf heures du soir, et toujours dans le silence scrupuleusement observé.

C'est alors que je pus juger de la vigueur et de l'endurance extraordinaire des Arabes. Tous ces hommes qui étaient déjà venus, la plupart de fort loin, nous rejoindre au camp, qui depuis le départ nous suivaient à pied, pour ne pas se séparer de leurs chevaux et qui, depuis plus de cinq heures, ne s'étaient pas reposés une minute, arrivèrent en même temps que nous, et cependant nous avions franchi au trot plus de la moitié de l'espace parcouru.

Le repos ne fut que d'un quart d'heure ; ensuite on se remit en marche dans l'ordre suivant : le goum, les spahis, le 2e chasseurs d'Afrique, les zouaves, les tirailleurs algériens, le 48e de ligne, et le 10e bataillon de chasseurs.

Après minuit, le froid devint tellement vif à mesure que nous avancions dans ces régions élevées, que vers trois heures du matin j'éprouvai le besoin de descendre de ma monture pour me réchauffer en marchant. Nous avions avec cela douze heures de cheval dont le harnachement était des plus primitifs et peu d'habitude de ce moyen de transport, de sorte que mes jambes étaient engourdies au point de ne pouvoir me supporter debout sans difficulté. Cette situation désagréable ne dura que quelques minutes ; m'étant bien enveloppé de mon manteau et recouvert la tête de mon capuchon, je pris mon cheval par la bride et je repartis en avant traînant presque la pauvre bête qui n'en pouvait plus. Je fus promptement réchauffé ; mais voulant épargner ma monture pour qu'elle ne me manquât pas tout à fait, je continuai de marcher. Peu après, le sommeil me gagna et, tout en allant toujours devant moi, je m'assoupis tellement que je ne me rendis plus aucun compte de ce qui se passait ; je perdis complètement le sentiment de l'existence et je marchai errant sans doute à la façon des somnambules. De temps en temps buttant contre des touffes d'alfa, ou sentant la tête de mon cheval qui me tombait sur l'épaule, j'ouvrais vivement les yeux pour les refermer aussitôt. Enfin, mon sommeil fut si profond et j'avais avancé si lentement que, quand je me réveillai, j'étais à une bonne heure de marche en arrière du gros de la colonne, tandis qu'au moment où j'avais mis pied à terre, je me trouvais presque en tête avec ma compagnie. Toutes les autres compagnies du régiment, ainsi que tous les bataillons de turcos, de chasseurs et du 48e avaient défilé en avant de moi sans que je m'en sois aperçu. Fort heureusement je ne me trouvais pas isolé, la route suivie par la colonne était tracée par des hommes et des chevaux retardataires, il y en avait encore bon nombre plus en arrière que moi. Je remontai vivement sur mon cheval et ce ne fut pas sans peine que je parvins à le faire trotter.

Le jour allait commencer à poindre.

C'est ce moment presque insaisissable que les Arabes appellent *Seheur*, qui annonce le point du jour dans ces contrées sans aube et sans crépuscule ; ce moment où la nuit n'est plus la nuit, où le jour n'est pas encore le jour et durant lequel on peut encore, à l'époque du *Rhamadan*, manger, boire et fumer, l'abstinence rigoureuse devant commencer, pour tout bon musulman, « *dès qu'on peut distinguer un fil blanc d'un fil noir* ». Le *Seheur* précède cet instant. Il est plus facilement appréciable dans les pays d'un horizon étendu ; de là, au dire des savants, le nom de *Sahara* donné à cette région des Hauts-plateaux précédant le *Tell*, dont l'étymologie serait le mot arabe *Tali*, qui peut dire *dernière*, parce que le *Seheur* ne s'y aperçoit que plus tard.

Bientôt on fut en plein jour, et le soleil, s'élevant rapidement à l'horizon, éclaira tout à l'entour de nous un tableau absolument nouveau ; l'immensité de l'espace dénudé que l'on pouvait découvrir autour de soi. Nous nous trouvions alors au milieu de ces parties du Sahara algérien nommées *Serrsous* et qui sont une succession de petits mamelons d'une hauteur presque égale, se suivant sur une très grande étendue.

A huit heures la colonne s'arrêta dans un endroit complètement sec et aride, où j'arrivai à peu près en même temps que ma compagnie. On fit le café avec l'eau que nous avions eu le soin d'apporter ; mais il fallut un temps infini pour cette opération, si nécessaire à nos estomacs : nous n'avions pas de bois ; les feux n'étaient alimentés qu'avec de l'alfa.

Aussitôt que l'infanterie fut entièrement réunie au

point d'arrêt, la cavalerie repartit avec le général espérant enfin joindre les Hamyane, sur les traces desquels nous étions bien cette fois.

Le départ du goum fut admirable. Ces intrépides cavaliers, excités par la perspective d'un prochain combat, s'étaient réunis sur une ligne de plus de 300 chevaux qu'ils lancèrent au galop en exécutant la *fantasia*. Enlevés à la piqûre de cette longue tige de fer acéré, appelée *chabir*, qui sert d'éperon aux Arabes, rapides comme le vent, leurs chevaux semblaient voler plutôt que courir, tandis que les burnous des cavaliers flottaient en ondulations vibrantes, et que les armes étincelaient sous un soleil splendide ; deux fois ils passèrent ainsi devant nous, brandissant leurs *flissas* et poussant des hourrahs frénétiques ; puis ils s'enfoncèrent dans la plaine et disparurent au milieu du tourbillon des sables soulevés dans la rapidité de la course.

Après deux heures de repos, la colonne reprit son mouvement en avant ; mais je ne pus remonter à cheval. Je n'avais plus retrouvé ma monture où je l'avais laissée en arrivant à cet endroit, pas plus que l'Arabe qui l'avait amenée la veille et que j'avais cependant encore vu dans la matinée. Je les cherchai vainement : il me fut impossible de les découvrir, ce qui me mit dans la nécessité, comme beaucoup d'autres, de partir à pied et de faire valoir la vigueur de mes jambes.

Je ne décrirai pas le chemin que nous avons suivi dans ce pays désert, semblable à celui parcouru depuis la veille : toujours des plaines coupées çà et là par de légers monticules, toujours du thym et de l'alfa, rien autre chose, si ce n'est, sur nos têtes, un soleil des plus ardents pour la saison.

Pendant ces longues marches sur des terrains où l'on ne rencontre pas la moindre flaque d'eau, mon Zou-Zou ne me quittait pas un instant. Le pauvre chien trottinait à mes côtés, tirant la langue ; alors de temps en temps je versais de l'eau de mon bidon dans le creux de ma main et je lui donnais à boire cette petite ration qu'il accueillait toujours avec les marques de la plus vive satisfaction.

L'ordre était de ne s'arrêter que quand on rejoindrait la cavalerie. La jonction se fit le même jour, 27 octobre, à Mechra-bou-Laksahm, vers cinq heures du soir, au moment de la razzia. Nous avions franchi plus de cent kilomètres en vingt-six heures.

Les rebelles surpris dans leurs campements par le goum et la cavalerie régulière, avaient été cernés, et l'arrivée de la colonne d'infanterie ayant achevé leur déroute, leur troupeau de 15.000 moutons environ fut enlevé sans coup férir. L'opération terminée à notre avantage, le général ramena sa troupe à quelque distance en arrière du lieu du combat et nous fit bivouaquer près d'un *R'dir*, sorte de lagune d'eau bourbeuse que l'on ne rencontre qu'à de rares intervalles dans ces parages. Quant à l'ennemi, on s'était contenté de le disperser en chargeant sur lui, puis on ne s'en était plus inquiété; car avec le troupeau on avait toutes les ressources de la tribu.

En Afrique, la razzia est le seul moyen d'atteindre et de maîtriser une population qui ne tient à la terre que par les piquets de ses tentes. Par quelle autre force, par quel châtiment venir à bout de ces hommes sans villes, sans maisons? de ces tribus nomades qui traînent tout ce qu'elles ont avec elles? On ne peut les réduire à merci qu'en leur prenant le blé qui les nourrit, le troupeau qui les habille. De là, la guerre aux silos, la guerre au bétail, en un mot la razzia.

Dès notre arrivée au *R'dir*, un bataillon fut chargé de la garde du troupeau; puis on distribua quelques moutons par compagnie et des agneaux à peu près à volonté. On en égorgea séance tenante et, le soir même, nous mangions du *fricot*; il est juste de dire qu'il n'avait rien de succulent.

Cependant la nuit était venue. Comme l'on pouvait craindre un retour offensif des Arabes qui paraissaient s'être réunis sur des coteaux fermant l'horizon à quelques kilomètres au sud de notre bivouac, on prit les dispositions de sûreté nécessaires; puis tous ceux qui n'étaient pas de garde purent s'endormir sous la voûte céleste, chacun ayant à ses côtés, fixée au corps, sa carabine chargée pour parer à toute éventualité.

Pendant toute la nuit il fit un clair de lune magnifique, une surprise était impossible: on dormit tranquille.

Le lendemain matin, la colonne se remit en route à huit heures, pour retourner au camp de l'Oued-Sebah ; mais ce fut toute une affaire que de mettre en mouvement le troupeau de 15.000 moutons capturé la veille. Il fallut les entourer en rangs serrés, de trois côtés, pour les obliger de marcher vers le Nord; tirer des coups de fusil, battre du tambour, sonner du clairon à leurs oreilles, faire enfin un tapage infernal pour les décider à partir. Quand une fois le troupeau fut en marche, on n'eut plus qu'à le maintenir en groupe bien compact au moyen de deux lignes de cavaliers se suivant sans intervalle à droite et à gauche.

Pendant la matinée, des rôdeurs Arabes vinrent tourner autour de nous à distance et nous envoyèrent quelques balles. Ma compagnie se trouvait précisément en arrière-garde, de sorte que c'était directement sur nous que les coups devaient porter ; mais personne ne fut atteint : les Arabes tiraient sans doute de trop loin pour la portée de leurs armes. Cependant, tandis que nous étions arrêtés pour les observer, une de leurs balles vint à passer en sifflant entre le capitaine de Chevroz et moi, pendant que nous causions des affaires du moment, et s'enfonça profondément en terre à quelques pas de nous. Armé de ma carabine, je me mis aussitôt en défense, le capitaine disposa ses tirailleurs prêts à riposter, puis un peloton de spahis lança ses chevaux sur ces tireurs isolés, les dispersa, et notre marche ne fut plus inquiétée.

L'infanterie s'arrêta vers midi pour faire le café ; elle repartit au bout d'une heure, se dirigeant en droite ligne sur un pic fort élevé que nous apercevions depuis le matin et dont on ne semblait nullement se rapprocher.

Je commençais à ressentir un peu de fatigue ; la marche forcée de la veille, la nuit en plein air et le trajet déjà effectué depuis le matin ne contribuaient pas du tout à activer mes jambes. D'un autre côté, songeant aux moyens de transport qui étaient à notre disposition, et voyant un certain nombre d'Arabes se pavaner sur leurs chevaux tandis qu'ils étaient payés pour que nous les montions, je me décidai à faire cesser cet abus, au moins en ma faveur. Immédiatement je me dirigeai vers un grand nègre que j'avais remarqué sur un beau cheval vigoureux et je lui fis entendre qu'il fallait descendre de là, et vivement, pour me céder la place. Mon négro fit d'abord semblant de ne pas comprendre ce que je lui voulais ; puis, comme j'insistais, il se mit à gesticuler et à me répéter sur tous les tons : « *macach* ! *macach* ! *entà mahboul* ! *entà mahboul* ! » — « *non* ! *non* ! *tu es fou* ! *tu es fou* ! » J'étais peu disposé à écouter son charabia, je voulais son cheval et il me fallait, pour l'obtenir, employer un moyen décisif. J'armai ma carabine et le couchant en joue — sans avoir la moindre envie de tirer — je lui criai : *Macach anà mahboul* ! *entà morto, ben kelb* ! » — « *Non je ne suis pas fou ! mais toi tu es mort, fils de chien !* » (1)

Je n'avais pas eu le temps de terminer ma phrase que mon homme était à terre et voulait bien m'aider à monter sur son cheval. Il me suivit jusqu'au soir sans chercher à reprendre la place que j'avais si bien conquise ; mais je suis certain que c'était à son grand regret, car il avait une excellente bête sur laquelle je fis le reste du chemin fort agréablement.

Nous n'arrivâmes au but qu'à huit heures du soir. Depuis longtemps il faisait nuit complète, mais notre marche était éclairée par la lune et guidée par des feux allumés sur différents points par la cavalerie qui nous avait précédés. Comme la veille, on bivouaqua simplement à la belle étoile, dans un endroit connu sous le nom de *R'dir de l'Ourdi.*

Le lendemain, 29, nous traversions les premiers contreforts des montagnes qui nous indiquaient l'approche du camp et nous arrivions à l'Oued-Sebah à deux heures après midi.

Un des premiers soins que l'on nous imposa en arrivant, ce fut de dresser une liste nominative des Arabes qui nous avaient suivis, indiquant en outre le nombre de chevaux ou mulets employés. Fort heureusement j'avais à la compagnie un zouave né en Algérie, qui parlait l'arabe ; il me servit d'interprète. D'après cette liste, ma compagnie avait employé 77 chevaux et

(1) Ben kelb ! fils de chien ! sorte d'injure très usitée et du plus grand effet chez les Arabes.

36 Arabes, dont 2 de la tribu des Bordjias, 9 de celle des Beni-Chougran et 25 de la célèbre tribu des Hachems, au sein de laquelle naquit l'émir Abd-el-Kader.

On se reposa pendant la journée du 30, à l'exception cependant du bataillon de turcos qui partit ce même jour pour aller ravitailler les troupes de Géryville opérant également dans le Sud.

Le lendemain 31, le reste de la colonne évacua l'Oued-Sebah pour aller camper à Daya, à environ seize kilomètres au nord. Comparativement au chemin que nous avions parcouru pendant notre sortie, ce n'était qu'une promenade. On arriva de bonne heure, mais avec un temps affreux : la neige tombait en gros flocons, le vent était glacial.

Daya, *la mare*, appelée aussi par les Arabes Sidi-bel-Kreradj, est assise dans les montagnes au milieu d'une forêt de pins et de chênes, à la tête des eaux de l'Habra et au pied d'un piton que couronne un poste d'observation appelé *Vigie*. Il n'y avait alors dans la petite forteresse de Daya que très peu de colons qui s'y étaient réfugiés avec quelques *mercanti* juifs, près desquels nous pûmes renouveler certaines provisions de première utilité.

CHAPITRE IV

Reprise des hostilités. — En route vers Ras-el-Mâ. — La colonne d'expédition renforcée à El-Gor. — Chasse au matraque. — Capture d'une gazelle. — El-Haouedj. — Assi-Sidi-Mohammed. — Marche de nuit. — Deux soldats dévalisés. — Députation arabe demandant l'aman. — Le camp d'El-Ouidân. — Le désert sur les Hauts-plateaux. — Descente de nuit dans les Chotts. — Les Khrebirs ou conducteurs arabes. — Razzia de l'Oued-bou-Lerdjem. — Le camp d'El-Mengoub. — Retour et dislocation de la colonne à El-Aricha.

La razzia opérée le 27 octobre avait eu pour résultat de rejeter les tribus rebelles loin des pays habités. En conséquence, le général Lacretelle crut devoir arrêter pour le moment son mouvement offensif et disperser ses troupes sur différents points de la frontière du Tell, où elles resteraient en observation. La cavalerie devait se retirer, partie à Sidi-bel-Abbès, partie à Sebdou, avec six compagnies de zouaves, et le reste de l'infanterie, ainsi qu'un détachement de spahis, devaient occuper Daya.

Mais tandis que l'on se disposait à exécuter les prescriptions du général, des Arabes de la plaine étaient accourus à Daya et avaient donné connaissance au quartier général de nouveaux troubles inquiétants. Ils nous avaient appris que les Hamyane s'étaient jetés en troupes nombreuses sur les tribus tranquilles stationnées dans la région des Chotts et leur avaient enlevé leurs troupeaux. Les rebelles faisaient en même temps une active propagande dans toute la contrée pour se créer des partisans : ils cherchaient par tous les moyens en leur pouvoir à soulever les populations indigènes. Les manœuvres des Hamyane étaient encore inspirées par Si-Kaddour-ben-Hamza, et cette fois, Si-Lalla-ben-Nacer les dirigeait en personne.

En conséquence de ces nouvelles qui ne manquaient pas de gravité, la colonne resta constituée comme précédemment, et la nouvelle entrée en campagne fut fixée au lendemain.

Pendant les journées du 1er et du 2 novembre, le froid avait été des plus rigoureux, la neige était tombée plus abondante encore que le jour de notre arrivée à Daya. Aussi, l'idée de quitter bientôt cette petite Sibérie africaine nous empêcha de penser aux nouvelles fatigues que nous allions avoir à endurer, alors que nous n'avions pas eu le temps de nous reposer des précédentes.

Notre départ eut lieu dans les conditions désagréables que cette température glaciale nous avait faites, c'est-à-dire que nous avons eu d'abord une peine infinie à dégeler et rouler nos tentes humectées durant toute la nuit de pluie, de neige fondue ou de verglas, et que nous nous sommes mis en route noirs de boue, aussi sales enfin qu'il était possible de l'être.

Cependant, vers huit heures, nous avions franchi les défilés boisés qui nous séparaient de régions plus tempérées et nous descendions bientôt dans une campagne bien sèche, sous un beau ciel sans nuages et un soleil resplendissant nous envoyant déjà ses rayons les plus chauds. Nous nous retrouvions en Afrique.

On fit une grande halte et le café à l'Oued-Sebah. A notre approche une grande quantité d'aigles et de vautours qui se disputaient des restes d'animaux provenant de notre dernier séjour, s'envolèrent bruyamment en tournoyant au-dessus de nos têtes et donnant ainsi à la nature un aspect remarquablement sauvage.

Nous quittâmes l'Oued-Sebah par le même chemin que lors de notre précédente sortie à cheval ; puis, après avoir traversé la plaine que nous connaissions déjà, mais en nous dirigeant plus à droite que la première fois, nous allâmes camper à Ras-el-Mâ, au pied d'une montagne élevée, sur un terrain tout verdoyant, aux sources abondantes, ainsi du reste que l'indique son nom qui signifie *~~source~~ de l'eau*. Tête

Le 4, la colonne repartit de bonne heure en appuyant vers le Nord-Ouest et l'on quitta la plaine pour s'engager dans les montagnes et les bois. La marche fut longue à travers cette contrée abrupte où le chemin n'est indiqué que par quelques sentiers tracés par les Arabes et coupés à chaque instant par des rochers ou des ravins profonds.

Nous n'arrivâmes à El-Gor, lieu de notre campement, qu'à cinq heures du soir. Cet endroit qui ne se distinguait alors que par quelques puits d'eau potable et quelques pans de vieux murs décorés du nom de *ruines romaines*, tire son nom de la montagne voisine, le Djebel-el-Gor, au pied de laquelle il s'étend.

Nous trouvâmes là de nouvelles troupes : trois escadrons du 1er régiment de hussards et un bataillon du 55e de ligne avec son colonel qui complétèrent l'effectif de notre colonne de marche.

A partir d'El-Gor, nous allions reprendre tout à fait la direction du Sud, vers le petit désert ; nous allions nous éloigner pour longtemps sans doute des centres de ravitaillement : il avait donc fallu songer à assurer les vivres. A cet effet, de nombreux mulets du train des équipages militaires et une troupe de chameaux conduits par des Arabes avaient été chargés de caisses de biscuit, de riz, de café, de sucre, de tonneaux de lard salé, de vin, d'eau douce, etc. Quelques-uns d'entre eux portaient aussi des canons et des obusiers de montagne, ainsi que des munitions. Il y avait encore les mulets d'ambulance avec leurs cacolets prêts à recevoir les malades ou blessés ; enfin un troupeau d'environ 400 bœufs devait suivre la colonne.

Lorsque nous quittâmes El-Gor, la colonne se mit en marche dans l'ordre habituel des mouvements de troupes, quand ils ont lieu dans les vastes plaines du

Sud algérien. La cavalerie était en avant avec le général ; venait ensuite toute l'infanterie, zouaves, chasseurs, 48e et 55e de ligne disposés en un immense carré au centre duquel se tenait et marchait le convoi de vivres, d'artillerie et d'ambulance. On conçoit que dans de semblables conditions, l'allure des troupes devait être fort méthodique et le pas peu précipité. Les distractions étaient rares. Heureusement que, de temps à autre, le trajet était égayé par des chasses à courre du plus bizarre effet. Je veux parler de la chasse au *matraque*.

Cette chasse était une espèce de sport tout arabe, qui consistait à poursuivre un malheureux lièvre dérangé dans son repos, à le cerner et à l'atteindre enfin en lui lançant force projectiles du genre bâton. En chassant au matraque, les Arabes ne se proposaient pas un régal : ils ne mangent pas le lièvre ; ce n'était pour eux qu'un divertissement ou un profit, bien minime il est vrai, puisqu'ils vendaient le gibier, ainsi conquis, pour quelques sous, cinquante centimes au plus. Ils étaient généralement très adroits à cette chasse tout à fait primitive. Dès qu'ils avaient aperçu le lièvre détalant du gîte, ils se mettaient à pousser de grands cris et à courir, pour lui barrer le chemin et l'obliger à rester dans un certain rayon. Le pauvre quadrupède éperdu ne savait plus où donner de la tête et surtout des pattes ; de sorte que, ne voyant pas le moyen de sortir de cette impasse, il finissait par se blottir derrière un obstacle qu'il croyait impénétrable ; mais aussitôt, des quantités de matraques voltigeaient en l'air et la plupart du temps atteignaient l'animal. Si bien que, certain jour, je vis un de ces bâtons prendre le lièvre en pointe par le flanc et l'embrocher complètement. Dès qu'ils les avaient lancés, les Arabes accouraient vivement rechercher leurs matraques et le plus habile saisissait le lièvre qu'il rapportait triomphant, pendant que les autres poussaient des cris de joie capables de faire déserter la campagne par tous ses peureux habitants. Seulement le plus souvent ce n'était pas l'Arabe dont le bâton avait tué la bête, qui l'attrapait ; de là des disputes et même des batailles. Dans ces plaines couvertes uniquement de thym et d'alfa, ces scènes se renouvelaient à chaque instant.

Pendant la matinée de ce jour, 5 novembre, un petit troupeau de gazelles fut surpris broutant dans la plaine. Deux spahis indigènes les chargèrent au galop de leurs chevaux et voulurent les obliger à se rabattre sur la colonne ; mais les gazelles, plus alertes, déjouèrent leurs projets, se dispersèrent et s'enfuirent au loin, à l'exception d'une seule, moins agile, qui se laissa devancer. L'un des deux cavaliers aurait pu lui envoyer une balle, il préféra la prendre vivante. A cet effet, il la contraignit à tourner dans un grand cercle, en décrivant lui-même, presque à son côté, un cercle plus grand qu'il rétrécissait à chaque tour et, après quelque temps d'une course affolée, la pauvre gazelle épuisée se laissa prendre sans résistance. Le spahi la hissa sur son cheval et, fier de sa capture, revint prendre son rang au milieu de ses camarades.

Vers midi, nous passions sur l'emplacement d'un grand lac complètement desséché, le Dayat-el-Ferd ; on mit plus d'une heure à le traverser. Pendant tout ce temps, pas l'ombre de végétation sur la terre, pas le plus petit brin d'herbe ; rien qu'une couche blanche de vase durcie par le soleil et fendillée en une infinité de crevasses profondes.

La colonne s'arrêta à quelque distance de là, en rase campagne, dans un endroit nommé El-Haouedj ; puis, aussitôt les sacs à terre, le général, averti de la présence de l'ennemi dans les environs, donna l'ordre à chaque corps d'infanterie de détacher à sa suite une centaine d'hommes pris parmi les plus vigoureux, avec trois jours de vivres. Il ne prit qu'une heure de repos, après quoi il se remit en route avec les 400 hommes d'infanterie ainsi réunis et toute la cavalerie. Le reste des différents corps de troupe et le convoi demeurèrent sous les ordres du colonel du 2e zouaves qui nous fit camper pour la nuit. Par suite des renseignements recueillis avant le départ du général, nous nous attendions à une alerte. Il n'en fut rien : les Arabes nous laissèrent dormir en paix. En revanche il fit très froid et, au lever du soleil, la rosée du matin se changea en un givre épais qui nous procura toutes sortes de misères au moment de décamper.

De même qu'à Daya, et comme on fut obligé de procéder tous les jours suivants, il nous fallut allumer de grands feux pour fondre la couche de glace qui recouvrait nos tentes en les imprégnant, sans quoi il était absolument impossible de les rouler. Après une heure de travail, le paquetage étant terminé et aussi bien alourdi par l'humidité résultant de l'opération précédente, les compagnies se formèrent, et l'on repartit encore une fois en avant sur les traces de la cavalerie.

Au bout d'une heure de marche, nous passâmes près des restes d'une ancienne redoute en terre, puis on s'engagea de plus en plus dans la plaine, toujours aussi vaste, aussi monotone, pour ne s'arrêter qu'à quatre heures du soir aux pieds d'un pic isolé, le pic d'Assi-Sidi-Mohammed, placé là comme une pyramide gigantesque du haut de laquelle on peut observer l'horizon à plusieurs lieues à la ronde. Ce pic aux pentes abruptes et rapides, se terminait par une sorte de petite plate-forme sur laquelle on envoya, en grand'garde, une compagnie du 10e bataillon de chasseurs. Elle mit une grande heure pour arriver à son poste.

Dès que ma tente avait été dressée, me rappelant le froid pénétrant de la nuit précédente, j'étais allé faire une abondante provision d'alfa bien sec pour ma couche. Je m'étais ainsi préparé un si bon lit, qu'aussitôt après avoir mangé je me mis en devoir d'en profiter et de dormir ; mais malheureusement ce ne fut pas pour longtemps.

Vers huit heures on prévint les compagnies que l'on devait partir à neuf heures du soir. Dans le but de tromper les espions arabes, parfaitement au courant de la signification de chaque sonnerie du clairon, il fut convenu que ces sonneries se feraient aux heures et suivant la coutume habituelles; mais en même temps on prévint les troupes que la *retraite* servirait de *rappel* et qu'à ce signal seulement, on devrait démonter les tentes et faire les sacs dans le plus grand silence. A la sonnerie de l'*appel* qui suivait la *retraite*, la colonne devait se former en ordre de marche, chaque compagnie faire son appel ordinaire, puis à neuf heures, à la sonnerie de l'*extinction des feux*, le mouvement en avant devait commencer.

Toutes ces prescriptions s'exécutèrent régulièrement et nous repartîmes par un clair de lune tellement vif, qu'il était facile de lire une écriture fine à sa lueur. La nuit fut excessivement froide et, malgré l'activité de la marche, il fallut recourir à nos turbans pour nous en servir en guise de cache-nez et nous couvrir de nos capuchons par dessus nos sacs, ce qui donnait à notre allure un aspect des plus grotesques. On marcha ainsi jusqu'au jour.

A six heures du matin, on fit la halte près d'une petite mare que j'entendis désigner sous le nom de Mesacska ; on ne campa pas, on se reposa seulement pendant deux heures, chacun s'étant couché à terre enveloppé dans sa couverture de campement et sa toile de tente. Au moment du réveil, à huit heures, nous étions tellement couverts de givre, que nous crûmes tout d'abord qu'il avait neigé pendant notre court sommeil ; mais le ciel était aussi pur que la veille au soir et le soleil, qui s'élevait à l'horizon, nous promettait une belle journée. Tandis que nous dormions, nos braves cuisiniers avaient travaillé : un café chaud, aussi succulent que possible, en pareille occurrence — il avait été préparé avec l'eau de la mare dans laquelle tous les chevaux du convoi avaient barbotté à l'arrivée — un café chaud, dis-je, nous attendait *au sortir du lit*, pour nous remettre des fatigues de la nuit, et il fut le bienvenu malgré toutes ses apparences peu engageantes.

Après ce modeste repas, nous étions fort occupés à nous nettoyer, assez sommairement d'ailleurs, quand un incident plus comique que tragique se produisit dans le camp : l'arrivée de deux soldats du 48e de ligne qui s'étaient attardés pendant la marche de nuit ; car on ne put supposer qu'ils aient eu l'intention de déserter au milieu d'un tel pays, dénué de toute ressource. Se trouvant donc isolés, ils avaient été surpris par des Arabes dissidents et complètement dépouillés de tout ce qu'ils portaient, à l'exception cependant de leurs havre-sacs dont l'ennemi ne leur avait laissé que les quatre planches et la peau.

Tout y avait passé, le linge, les vêtements, les chaussures, les armes, les munitions et les vivres ; si bien que, fort heureux d'en être quittes, même à ce compte-là, — car les Arabes auraient fort bien pu, selon leur habitude, leur trancher la tête sans le moindre scrupule, — les pauvres diables arrivèrent à leur régiment entièrement nus, n'ayant plus sur le dos que leurs sacs vides pour tout vêtement. Grelottant, autant de froid que d'émotion dans la crainte de ce qui les attendait, les pieds et les jambes ensanglantés par les marches et contre-marches qu'ils avaient dû fournir pour rejoindre la colonne dont ils ne retrouvèrent la trace qu'à la lueur des feux de bivouac, les malheureux étaient dans un état digne de la plus grande pitié ; ce qui n'empêcha pas qu'ils payèrent fort cher, un peu plus tard, la perte de leurs armes et de leur équipement.

Vers dix heures du matin, autre incident. Une députation des tribus soulevées était venue se présenter aux avant-postes, demandant à parler au général. En son absence, des zouaves armés, pris dans la compagnie de grand'garde, les avaient amenés au colonel Lefebvre qui le suppléait.

Ces Arabes, au nombre de dix-neuf, dont l'un portait sur son burnous la croix de chevalier de la Légion d'honneur, et parmi lesquels se trouvaient cinq caïds, deux aghas, un khalifat, tous parfaitement montés et équipés, venaient se rendre sans conditions, demandant l'*aman* (1) au nom de leurs tribus. Mais leur démarche fut inutile, le colonel ne pouvant que les écouter sans conclure. Toutefois il les garda comme otages jusqu'à ce que le général pût les entendre. Il leur fit donner des vivres, et un poste spécial fut placé près d'eux, au milieu de l'emplacement occupé par les troupes, pour les garder à vue.

Cette soumission donna à penser que le but de l'expédition serait bientôt atteint et, comme le général n'avait rien communiqué depuis son départ en avant, le colonel donna l'ordre de camper. Tout cela était d'un bon augure : aussi les *mercanti* juifs qui nous avaient suivis depuis Daya, virent-ils leur maigre étalage en plein air plus visité que de coutume. Ils vendaient cependant leur marchandise bien cher. Un mauvais vin, acide, échauffé par le transport à dos d'âne, coûtait deux francs le litre ; du pain de munition déjà vieux de six jours, cinq francs le kilo, et le reste à l'avenant ; néanmoins on achetait pour fêter l'idée du repos éventuel que les événements nous laissaient entrevoir.

Le lendemain 8, la mare de Mesacska ayant été mise à sec par notre séjour de vingt-quatre heures, nous allâmes planter nos tentes à environ trois lieues au delà, toujours vers le sud, à El-Ouidân. Nous y

(1) Demander l'aman, c'est demander à être reçu à merci. — Donner l'aman, c'est accorder le pardon.

trouvâmes de l'eau en quantité suffisante ; mais, comme l'eau des mares que nous avions rencontrées depuis que nous courions les plaines du petit Sahara, elle était jaune, bourbeuse et donnait autant à manger qu'à boire. Sa couleur était telle, que quand nous faisions le café avec cette eau, on eût pu le prendre à première vue pour du café au lait, plutôt que pour du café noir. Il suffisait d'y goûter pour faire disparaître toute illusion. On le voit, notre nourriture dans ces contrées n'avait rien de séduisant ; cependant ce même jour notre cuisinier nous offrit un régal en dehors de l'ordinaire. J'entends par là un régal de convention, eu égard au besoin, aux circonstances dans lesquelles nous vivions. On se rappelle que, depuis El-Gor, un troupeau de bœufs destinés à l'alimentation suivait la colonne. Chaque jour on en tuait quelques-uns qui étaient distribués à la troupe avec une parcimonie tout administrative. Or, ce jour-là, notre cuisinier était allé assister à l'abattage, et l'idée lui vint de recueillir du sang au moment de la saignée. Il revint à nous avec une gamelle pleine de ce sang qu'il fit bouillir à plusieurs reprises, puis refroidir, et qu'il prépara enfin d'une façon assez appétissante pour que le mets qu'il nous servit ne fût pas trouvé suffisamment copieux.

Pendant notre repas la nuit était venue, d'autant plus sombre que le ciel était absolument couvert de gros nuages qui ne présageaient rien d'agréable pour une existence en plein air, comme celle que nous menions. Nous nous couchâmes en nous berçant de l'espoir de ne pas aller plus loin et de voir la cavalerie revenir le lendemain.

La température s'était considérablement radoucie comparativement aux nuits précédentes ; mais en revanche la pluie se mit à tomber abondamment dès huit heures du soir, sans discontinuer jusqu'au jour.

Ce fut une cause de nouvelles misères pour nous. Le terrain sur lequel nous étions campés, étant composé d'argile mouvante, sablonneuse, fut promptement détrempé. D'un autre côté, les cordes et les toiles de tentes, en se rétrécissant sous l'action de l'eau, arrachaient les piquets subitement, de sorte que nos fragiles abris s'abattaient sur nous et nous réveillaient d'une façon fort désagréable. Nous étions alors obligés de procéder au remontage sous une pluie battante. Après avoir passé un long temps à assujettir ces malheureux piquets, dans l'obscurité la plus complète, en pataugeant dans l'eau et la boue, nous nous recouchions trempés jusqu'aux os, et, une heure après, il fallait recommencer. Enfin le jour arriva et, la pluie ayant cessé, nous allâmes nous sécher aux feux d'alfa qui nous donnaient plus de fumée que de flamme, en attendant le soleil.

Il fallut employer les loisirs de la matinée à enlever de notre équipement et de nous-mêmes la boue qui nous avait envahis durant la nuit et, tandis que nous étions occupés à cette besogne, l'arrivée à vive allure d'un cavalier indigène mit tout le camp en émoi. Ce cavalier ne nous apportait pas la paix dans les plis de son burnous. Loin de là, il était porteur d'un ordre qui nous prescrivait de partir immédiatement à la rencontre du général pour porter des vivres aux troupes qui l'accompagnaient et qui n'avaient plus ni biscuit ni café.

On leva le camp à midi. Pendant les quatre premières heures, la marche fut régulière et rapide ; mais dans la soirée le vent du sud, un siroco insupportable, s'éleva et nous souffla en pleine figure des rafales d'air chaud et de sable qui, pénétrant dans nos yeux, nous gênait horriblement. Ce vent avait surtout beaucoup de prise sur nous, par suite de l'élévation du paquetage au-dessus de nos sacs et de l'ampleur de nos pantalons dans lesquels il s'engouffrait comme dans une voile, de sorte que nous n'avancions qu'avec les plus grandes difficultés.

Avant la nuit, différentes illusions trompeuses nous firent croire que nous allions bientôt arriver au but. D'abord ce fut un troupeau d'antilopes réunies dans un bas-fond et broutant paisiblement, que nous avions aperçu à une grande distance. Nous avions cru que c'étaient des chevaux et, dans notre pensée, ce ne pouvait être que ceux de notre cavalerie ; mais quand la colonne se fut rapprochée d'elles, les antilopes effrayées détalèrent emportant avec elles notre espoir déçu.

Ensuite, au coucher du soleil, des effets de lumière

singuliers, une espèce de mirage sans doute, nous firent croire, à plusieurs reprises, à l'existence d'un camp peu éloigné; par instants, il nous semblait même voir des arbres; mais quand le soleil fut sur le point de disparaître, toutes ces images s'évanouirent et nous nous retrouvâmes au milieu de cette contrée déserte absolument comme en pleine mer: l'horizon décrivait autour de nous un cercle immense qu'aucun obstacle ne venait rompre.

Peu après, la nuit était complète, le ciel couvert comme la veille. Heureusement la pluie ne tomba pas, on continua de marcher jusqu'à neuf heures environ. A ce moment, on fut obligé de s'arrêter: nous étions arrivés à l'extrémité de ce vaste plateau que nous parcourions depuis cinq jours et, le sol s'affaissant subitement à une grande profondeur, il était impossible d'opérer la descente au milieu de l'obscurité, sans exposer les troupes aux plus grands dangers. Il fallait attendre que les nuages se fussent dissipés et que la lune vînt nous prêter son bienveillant concours. Alors le colonel arrêta la marche et donna l'ordre de faire le café.

Vers onze heures le ciel s'éclaircit; la lune n'étant plus voilée qu'à de longs intervalles, le colonel jugea le moment favorable pour repartir, les clairons sonnèrent *en avant*.

Le mouvement fut long et difficile, car la pente escarpée que nous avions à descendre était hérissée de pointes de rochers en saillie, couverte de broussailles, d'herbes glissantes ; on ne pouvait aller que lentement, en s'isolant les uns des autres. Il y eut de nombreuses chutes, heureusement sans accidents de personnes.

Quand une bonne partie des hommes fut arrivée en contre-bas, on nous fit masser à distance en avant, puis on forma les faisceaux et on alluma de grands feux pour guider les retardataires.

Après la troupe vint le tour du convoi, dont le mouvement ne commença qu'en dernier lieu, donnant un mal inouï aux animaux pesamment chargés et à leurs conducteurs. Au cours de cette opération, deux mulets porteurs de caissons remplis de munitions d'artillerie se tuèrent en tombant au fond du précipice.

A une heure du matin, le rassemblement de la colonne étant complètement effectué, on se remit en marche jusqu'au jour sans aucun arrêt. Nous nous trouvions alors dans la partie occidentale de l'immense plaine des Chotts, nous étions sur le territoire du Maroc.

A mesure que nous avancions, le pays prenait un aspect nouveau. L'alfa et le thym, seule végétation de ces contrées, ne donnaient plus que quelques brins minces et chétifs qui se raréfiaient de plus en plus, successivement, pour enfin disparaître tout à fait, Alors nous tombions sur de larges espaces couverts de sable dont la couleur variait de temps à autre.

Tantôt ce sable était gris, fin comme la cendre et parsemé de pierres noires; tantôt il était blanc et lourd comme du plâtre mélangé d'une infinité de petits cailloux de silex. Le pays était aussi plus accidenté que celui des Hauts-plateaux des jours précédents. Ce n'étaient à la vérité que des ondulations de terrain peu élevées; elles l'étaient assez cependant pour que l'on fût obligé d'en suivre les contours et pour empêcher la vue de s'étendre au loin devant soi.

De temps en temps un des conducteurs de la colonne, un de ceux que les Arabes appellent *Khrebirs*, se détachait en avant, escaladait le mamelon, étudiait les environs pour savoir si l'on devait se préparer à l'attaque ou à la défense, ou marcher en sécurité ; puis il revenait vivement reprendre sa place; mais ce n'était pas dans le but de reconnaître dans quelle partie du pays il nous conduisait, qu'il observait ainsi; car le *Khrebir* ne se perd jamais. C'est toujours un homme intelligent, brave et très adroit. Pendant la nuit, il sait s'orienter par les étoiles, et si aucune étoile ne luit au ciel, il peut se diriger dans ces vastes solitudes à la seule inspection d'une poignée d'herbes ou même de terre, qu'il étudie des doigts, qu'il flaire et qu'il goûte, sans jamais s'égarer.

Partis depuis la veille à midi, il y avait plus de

vingt heures que nous étions en route, et nous commencions à trouver le chemin bien long, quand subitement des coups de feu se firent entendre et attirèrent notre attention sur des cavaliers arabes qui se découpaient en silhouettes au sommet d'une colline dominant la gorge vers laquelle on se dirigeait. Chacun de nous crut tout d'abord que c'était l'ennemi qui nous attendait au passage, et l'on se disposa au combat tout en marchant. Cependant les coups de feu avaient cessé, bien que l'on se rapprochât de l'endroit d'où ils étaient partis et, quelque temps après, une grande quantité de nouveaux cavaliers, débouchant par cette gorge que nous allions franchir, arrivèrent de notre côté, au pas tranquille de leurs chevaux. Ils paraissaient exténués. C'étaient des Arabes du goum qui retournaient dans leurs douars, la razzia étant faite. Les cavaliers que nous avions aperçus naguère, au sommet de la colline, étaient des vedettes placées là par le général, et les coups de feu qu'ils avaient tirés étaient des signaux convenus pour l'avertir de notre approche.

Les Arabes qui passèrent dans nos rangs, nous apprirent que les Hamyane avaient été complètement battus à l'Oued-bou-Lerdjem ; mais aussi que le combat avait été acharné, et ils nous montraient de la main leurs morts que, selon leur habitude, ils emportaient avec eux. Leurs cadavres enveloppés dans les burnous étaient placés en travers sur la selle des chevaux. J'en ai compté trente-deux qui passèrent ainsi non loin de moi.

Quand on eut traversé la gorge dont j'ai parlé, l'immensité du Chott-el-Gharbi s'étendit devant nous. La colonne légère partie depuis cinq jours était campée à l'une de ses extrémités, au point qui porte le nom de Bir-el-Mengoub. A dix heures, nous étions au milieu des nôtres.

J'avoue que ce fut avec un bonheur incomparable que je vis arriver le moment de me reposer ; car la marche et le poids de mon équipement m'avaient engourdi les hanches et les épaules au point de les rendre absolument insensibles au toucher. Et pourtant, en qualité de fourrier, je n'avais pas encore fini de trotter ; mais au moins je m'étais déchargé de mon fardeau, c'était déjà un soulagement. Il fallut d'abord aller répondre à l'ordre, où l'on nous dicta ce qui suit :

« Ordre de la brigade.

« Aujourd'hui que l'opération contre les Hamyane est terminée, le général commandant la colonne ne veut pas tarder plus longtemps à exprimer aux troupes placées sous ses ordres, sa satisfaction pour la conduite qu'elles ont tenue.

« Le châtiment infligé aux dissidents a été tel, qu'on doit en attendre le meilleur résultat. Le chiffre du troupeau qui leur a été enlevé est supérieur à celui d'aucune razzia qui ait été faite en Afrique, et le succès que nous venons d'obtenir est entièrement dû au dévouement et à la bonne discipline des troupes.

« Ni les marches longues et rapides, ni les privations n'ont été au-dessus de leur énergie. Officiers et soldats ont tous fait leur devoir de la manière la plus complète, et le général est heureux de les en remercier et de leur adresser les éloges qu'ils ont bien mérités.

« Une distribution de vin sera faite aux troupes.

« Au camp de Mengoub, le 10 novembre 1865,

« Le général commandant la colonne,

« LACRETELLE. »

Après avoir communiqué cet ordre du jour à ma compagnie, je dus rassembler mes hommes de corvée pour me mettre en quête du convoi et assister aux distributions de vivres ordinaires et de la ration supplémentaire accordée par le général. Après quoi je pus enfin me reposer et apprendre quelques détails.

Le troupeau capturé que l'on se mit immédiatement en devoir d'évacuer, en grande partie vers le nord, sous la conduite des Arabes qui nous étaient soumis, avait tout d'abord été évalué approximativement au chiffre déjà énorme de 150.000 têtes. Plus tard, quand le travail de vente et de restitution aux tribus pillées par les Hamyane fut terminé, les Bureaux arabes fixèrent à 400.000 moutons, le chiffre réel de la razzia de l'Oued-bou-Lerdjem.

Là n'était pas toute la richesse des Hamyane ; ils avaient encore à leur suite 800 chameaux chargés de butin et de marchandises qui avaient échappé au général Lacretelle. Ce fut surtout à cause de ce troupeau que le combat avait été le plus vif. Deux fois il avait été pris par le goum et deux fois repris par l'ennemi qui finalement avait réussi à l'emmener en fuyant ; mais le lendemain il tombait entre les mains du colonel de Colomb, commandant la colonne de Géryville qui opérait dans la contrée conjointement avec nous.

En arrivant à Mengoub, j'avais une soif et une faim dévorantes ; mais, pas plus que mes camarades, je ne pus me désaltérer à mon aise : l'eau était saumâtre ! salée comme de l'eau de mer ! Par contre, nous avions de quoi rassasier nos appétits, surtout avec du mouton ; car, dès notre arrivée, on en avait donné à toutes les troupes à raison d'un mouton pour deux hommes. Il nous était donc possible de satisfaire nos estomacs avides et même de faire des réserves ; mais dans la quantité il se trouvait un grand nombre de bêtes épuisées par les fatigues qu'elles avaient dû supporter depuis le début des hostilités ; il fallut les abattre sur le champ. De sorte que les alentours du camp, au moment de notre départ, présentaient l'aspect sinistre d'un champ de carnage couvert des cadavres de ces pauvres moutons auxquels on n'avait enlevé que les gigots et la toison.

Nous ne devions pas passer la nuit au camp de Mengoub. A trois heures on en repartit pour commencer le mouvement de retraite et remonter à quelques lieues au nord.

Vers six heures du soir, nous campions à Oglat-el-Abara, dans les parages du Chott-el-Gharbi, toujours avec de l'eau saumâtre; seulement les puits étaient ici plus profonds qu'à Mengoub. Il fallut le secours de nos turbans, roulés en guise de cordes, pour puiser de cette eau bien désagréable, et cependant si nécessaire. Autre inconvénient que signala notre présence en ce lieu, c'est que, complètement dépourvus de combustibles, nos cuisiniers furent obligés de recueillir soigneusement, dans les environs, des fientes de chameaux desséchées, pour faire cuire nos aliments, et encore avec beaucoup de peine, cette matière donnant, sous l'action du feu, une fumée noire, épaisse, puante, et bien peu de calorique. Avec de tels éléments, notre repas, bien que copieux, fut loin de ressembler à un festin!

A partir du 11 novembre, la colonne retourna à peu près sur ses traces. Le soir de ce jour nous campions de nouveau à El-Ouidân et, le lendemain 12, après une grande journée de marche, nous dressions nos tentes sur les coteaux ensoleillés d'El-Aricha, où nous ressentions tous le bonheur indescriptible de retrouver de l'eau claire, fraîche et délicieuse à boire.

A El-Aricha, la colonne fut dissoute, les Hamyane ayant fait leur soumission définitive. Une partie des troupes reçut l'ordre de se retirer à Sidi-bel-Abbès, une autre partie à Daya ; le colonel Lefebvre dut regagner Oran avec quatre compagnies du régiment, tandis que les six autres compagnies, parmi lesquelles se trouvait la mienne, devaient aller passer l'hiver à Sebdou, avec le 55e de ligne, deux escadrons de chasseurs d'Afrique et un escadron de spahis.

Avant sa dispersion, la colonne entière séjourna le 13 à El-Aricha. Le soir, le général Lacretelle offrit sous sa tente un punch d'adieu aux officiers, et le 14 au matin, les différents corps se séparèrent, chacun se dirigeant vers son nouveau poste.

Quant à nous qui marchions dorénavant sous la conduite de notre chef de bataillon, de concert avec le 55e de ligne dont le colonel était devenu le chef éventuel de la colonne de Sebdou, nous allâmes camper ce jour-là à El-Haouedj, où nous étions déjà passés précédemment. Le lendemain nous reprenions les montagnes et les défilés, nous traversions des forêts à l'aspect sauvage, puis nous tombions au milieu d'une portion de ces bois, incendiée sur un espace considérable, dont les plus gros arbres, à demi carbonisés, étaient seuls restés debout. Enfin nous arrivions à Sebdou avec la douce perspective de nous y reposer tout à loisir des fatigues de l'expédition.

Dans l'espace d'un mois, nous avions conçouru à deux razzias, exécuté cinq marches de nuit, par surcroît à celles du jour, campé vingt-cinq fois et parcouru environ deux cents lieues dans l'intérieur du pays.

CHAPITRE V

Sebdou ; sa situation, son climat.— Dernier acte de répression. — Les grandes tentes. — Quelques notes sur les Arabes. — Un lion vient visiter nos parages. — L'hiver au camp. — Les gourbis. — Mort de Zou-Zou.— Tlemcem et les six étapes de Sebdou à Oran.

Sebdou, dont le nom signifie *la lisière*, plus connu des Arabes sous celui de Tafraoua, est une redoute qui s'élève dans une petite plaine, au milieu d'une vallée formée par deux chaînes de montagnes parallèles, courant du nord-est au sud-ouest et qu'embellissent de belles forêts et quelques prairies. Cette redoute se trouve à environ 35 kilomètres de la frontière du Maroc. Comme Daya, Sebdou est le chef-lieu d'un Cercle militaire.

L'intérieur de la redoute contenait en 1865 la résidence du commandant supérieur, un Bureau arabe, les grandes tentes des Arabes attachés au service de ce Bureau, des casernes, un hôpital, une manutention, des magasins de vivres, enfin des maisons d'habitation occupées par des *mercanti* juifs et quelques cantiniers français.

Non loin de Sebdou, on remarque dans un lieu pittoresque, sortant d'une grotte profonde, les sources de la Tafna, rivière devenue célèbre depuis le désastreux traité signé entre le général Bugeaud et l'émir Abd-el-Kader, le 30 mai 1837.

A l'époque à laquelle les événements que je viens de rappeler nous y avaient amenés, le climat de cette contrée était malsain, surtout pendant les chaleurs. Les fièvres pernicieuses y faisaient alors des ravages, quelquefois effrayants ; mais durant les quelques mois d'hiver que j'y ai passés, l'état sanitaire fut généralement bon, principalement parmi les troupes acclimatées. Le 55ᵉ d'infanterie, depuis peu de temps en Afrique, paya seul, au début du printemps, un large tribut à la fièvre paludéenne.

La redoute, de construction entièrement française, remplaçait l'ancienne citadelle de Sebdou qui avait été ruinée par le maréchal Bugeaud en février 1842. On en voyait encore quelques vestiges à peu de distance sur le versant de la montagne qui couvre la vallée vers le nord.

Tel était le pays dans lequel nous allions passer quelques mois tranquilles.

Cependant un matin, peu de temps après notre installation, une rumeur se répandit dans le camp : on parlait encore de tribus soulevées et d'un départ pour le jour même. Bien qu'il y eût du vrai dans ces bruits, ils étaient, comme souvent, fort exagérés. On avait informé, en effet, le commandant supérieur qu'une tribu dont les allures paraissaient suspectes et que l'on surveillait avec attention depuis les derniers événements, avait subitement décampé pendant la nuit précédente et fuyait précipitamment avec troupeaux et bagages vers le Maroc, dans le but de rejoindre les contingents ennemis et de leur porter des secours. Il n'y avait pas de temps à perdre. Le commandant supérieur du Cercle se lança à leur poursuite à la tête des chasseurs d'Afrique, des spahis et d'un peloton de cavaliers du goum. Le soir même, la petite colonne rentrait au camp victorieuse, ramenant avec elle des moutons, des chameaux chargés de butin et aussi des rebelles prisonniers, des femmes et des enfants. Le produit de cette razzia fut aussitôt consigné dans la redoute sous bonne garde. Ce fut le dernier acte de répression se rattachant à l'expédition commencée le 15 octobre précédent.

Au bout de quelque temps de séjour au camp, vers la fin de novembre, la température devint fort rigoureuse. Les nuits à passer sous les petites tentes n'étaient pas précisément agréables. Nous couchions toujours à terre, habillés bien entendu, mais néanmoins chacun devait s'arranger comme il pouvait pour se garantir du froid. Pour mon compte, j'avais avisé un moyen dont je me suis relativement bien trouvé. Au moment de m'allonger sur une peau de mouton qui m'isolait du sol, je m'enveloppais les jambes dans ma couverture de campement et, ainsi empaqueté, je me glissais dans un sac à distribution, jusqu'à la poitrine, le haut du corps et la tête se trouvant à peu près préservés par mon manteau à capuchon, Toutefois, si nous avions eu une alerte, je n'aurais certainement pas été debout le premier. En tous cas, de cette façon, je n'eus pas à redouter le sort de l'un de nos zouaves dont la grande taille, peu en rapport avec l'exiguïté de son abri, lui causa un vif désagrément. Durant une nuit glaciale, il s'était par trop étendu en dormant, si bien que ses extrémités étaient sorties en dehors de la toile de tente et, qu'au matin, le pauvre malheureux avait les deux pieds gelés. Il fut malade pendant trois mois.

Cette rigueur de saison amena une amélioration dans notre installation. On nous fit échanger nos tentes-abri contre des tentes coniques de grande dimension, où l'on s'organisa aussi confortablement que possible.

Pour pénétrer dans celle que j'occupais avec le sergent-major et le fourrier d'une autre compagnie, on descendait trois marches, le sol ayant été creusé afin de nous permettre d'y circuler plus librement. Des zouaves ingénieux nous y avaient établi des espèces de couchettes au moyen de pieux fixés en terre qui étaient reliés entre eux à la hauteur voulue par des branchages entrelacés ; sur ce fond plus ou moins élastique, un sommier d'alfa et une ou deux épaisses toisons recueillies dans les razzias de l'expédition constituaient la literie. Sur l'un des côtés de la tente, nos zouaves nous avaient aussi construit une cheminée dont les services n'étaient pas à dédaigner quand les écritures nous retenaient dans cet intérieur, où du reste la gaieté régnait sans cesse. Il n'était pas possible d avoir deux compagnons plus agréables, d'humeur plus joyeuse, que les deux amis avec lesquels je vécus sous cette tente.

Pendant mon séjour à Sebdou, j'eus l'occasion de réunir quelques notes résultant de notre existence en contact fréquent avec les Arabes, ce qui m'avait permis de m'initier un peu à leurs habitudes ; je vais essayer de résumer mes observations qui s'appliquent surtout aux indigènes de la province d'Oran.

L'existence des Arabes est, dans le fond, essentiellement patriarcale. Chez eux on aime la famille et les traditions de la famille ; comme preuve, je ne puis trouver mieux que d'indiquer la manière dont ils se groupent. Elle explique les dénominations qu'ils emploient pour distinguer leurs tribus entre elles, en faisant précéder le nom du chef de famille, ou fondateur de la tribu, des mots *Ouled*, ou *Beni*, comme on les trouve dans Ouled-Ali, enfants d'Ali, Beni-Amer, fils d'Amer, etc. D'ailleurs leur genre de vie en commun prête beaucoup à ces goûts.

Les Arabes vivent habituellement sous la tente. Une réunion de plusieurs tentes forme le *douar* qui correspond chez nous au hameau, ou fraction de commune. La commune ou agglomération de *douars* devient *dacherah* et les *dacherahs* réunies à leur tour forment la *tribu*, en arabe *arch*, qui équivaut pour nous au canton. En poursuivant l'étude de cette organisation qui offre tant d'analogie avec la nôtre, nous trouvons les *kaïdats*, arrondissements, qui se groupent eux-mêmes en *khalifats*, ou départements, sous la direction supérieure d'un fonctionnaire à la fois civil et militaire.

La tente arabe, *beit el char*, c'est-à-dire maison de poils, est formée, comme son nom l'indique, d'un tissu de poils de chèvre ou de chameau ; son aspect à distance est à peu près celui d'un navire échoué, ou plutôt chaviré la quille en l'air. Ce domicile portatif est souvent divisé en deux parties égales par une cloison de pieux, entre lesquels se placent les provisions de la famille enveloppées dans des peaux d'animaux, les hardes qu'elle possède, les instruments aratoires toujours fort primitifs, les harnachements des chevaux et les armes du maître.

Le compartiment situé à droite en entrant est affecté aux hommes ; celui de gauche, divisé lui-même quelquefois en chambre à coucher et cuisine, est réservé aux femmes. Suivant le degré d'aisance du maître de la tente, ces différents appartements sont tendus de tapis moelleux, de peaux de mouton, ou de nattes en palmier qui servent de lit pour la nuit aux habitants du lieu aussi bien qu'à leurs hôtes.

Le costume des Arabes est d'une grande simplicité et n'a sans doute pas varié depuis bien des siècles. Il se compose d'une chemise à manches courtes, *gandoura*, généralement serrée à la taille par une ceinture tissée quelconque ; quelquefois d'un pantalon en toile très ample, ne dépassant guère le genou ; d'une pièce d'étoffe en laine blanche, fort longue, peu large, appelée *haïk*, avec laquelle ils s'enveloppent la tête et le haut du corps ; enfin d'un burnous, sorte de grand manteau à capuchon, fermé à la hauteur du cou. Parfois ils en mettent deux l'un sur l'autre. Le *haïk* est toujours fixé à la tête par le *khrit*, long cordon en poils de chameau s'enroulant plusieurs fois sur lui-même.

L'Arabe va souvent nu-pieds ; quand il fait usage de chaussures, elles sont en cuir, à bouts arrondis, aussi larges à l'extrémité qu'au talon. Elles ne couvrent que la partie avancée des pieds, c'est-à-dire les doigts. Quelquefois aussi il porte des espèces de pantoufles en cuir jaune qui, au contraire, montent par dessus le cou-de-pied, mais en laissant le talon à nu. Enfin quand il monte à cheval, l'Arabe se chausse habituellement de façons de grandes bottes en cuir rouge, fendues sur le côté et de formes assez primitives, auxquelles il adapte les *chabirs* pointus dont il se sert en guise d'éperons.

Sa coiffure se compose d'une calotte rouge, *tarbouch* ou *chechia*, plus ou moins ample, dessous laquelle il met une ou plusieurs autres calottes plus petites, plus justes, en laine blanche. Le *haïck* recouvre le tout.

Toutes les pièces de l'habillement sont en laine invariablement. Il en est de même du costume des femmes qui se compose d'une ou deux *gandouras* et d'un *haïk* disposé de manière à couvrir la tête et le corps. Leurs chaussures sont les mêmes que celles des hommes, et leurs coiffures, en dessous du *haïk*, se composent d'un foulard en soie, ou en coton, enveloppant les cheveux et se nouant derrière la tête.

Les femmes arabes aiment à porter des bijoux. Elles ont aux oreilles de grandes boucles arrondies, au cou des colliers de piécettes de monnaie, entremêlées de grains de verre et de morceaux de corail, aux poignets des bracelets massifs, ainsi que les anneaux qu'elles portent aux jambes, au-dessus de la cheville, et qui se nomment *khrolkhrâls*.

De même que les juives, elles se noircissent les sourcils et le bord des paupières, et se teignent en jaune rouge les ongles et la paume des mains.

Les femmes, comme les hommes, ont l'habitude de se faire tatouer les mains et la figure, aux tempes, au front, aux joues, en dessins originaux, peu apparents toutefois, qui diffèrent suivant la tribu à laquelle chaque individu appartient.

La nourriture habituelle des Arabes se compose de viande de mouton ou de volaille, de différentes préparations farineuses parmi lesquelles le *couscoussou* tient le premier rang et auquel ils ajoutent des fruits secs, des noix, des amandes, des dattes, du miel. des légumes, beaucoup de poivre et de piment. Le *couscoussou* est le mets national. Ils n'ont d'autre boisson que l'eau et le laitage. Dans les tribus de l'intérieur l'usage du café était peu répandu ; quelques *caïds* seulement avaient un homme chargé de préparer le café, un *kaouadji*.

Les Arabes sont généralement observateurs très scrupuleux des devoirs que leur impose la religion de Mahomet, notamment la prière et le jeûne, à l'époque du Rhamadan, qui dure trente jours. Parmi les cinq prières obligatoires pendant le cours d'une journée, il en est deux que je leur vis faire souvent dans nos marches forcées, en leur compagnie, la prière du coucher du soleil et celle de huit heures du soir. J'ai toujours admiré la ponctualité avec laquelle ils s'acquittaient de ces devoirs. Ils s'arrêtaient d'instants en instants, quand la colonne était en marche, pour se prosterner la face contre terre, tournés vers l'Orient, puis se relevaient pour nous suivre, s'arrêtaient encore jusqu'à ce qu'ils aient accompli entièrement toutes les formalités du rite.

Le sixième jour de la semaine, notre vendredi, est le jour consacré aux cérémonies les plus importantes, c'est le dimanche des Musulmans. Ce nom de Musulman, nom générique auquel les Arabes attachent une importance majeure et par lequel ils désignent habituellement tous ceux de leur race, est traduit du mot *Mosselmîn* qui signifie les *Croyants*.

Il existe chez les Arabes une espèce de noblesse d'origine religieuse, comprenant tous les individus qui doivent une influence plus ou moins grande, ou à leur caractère même de sainteté, ou à celui de leurs pères. Ce sont ces individus que l'on nomme *mraboths*, en français *marabouts*. Leurs tombes couvertes fréquemment d'une petite chapelle avec coupole, *koubbah* en arabe, prennent ce même nom de *marabout*.

Le type de la race arabe est beau et majestueux. Le corps est svelte, robuste, bien proportionné ; le visage est ovale, peu plein, d'un extrême relief ; le front haut est imposant ; les yeux noirs bien fendus, le nez fièrement arqué, la bouche petite et dédaigneuse. Une barbe brune et entière termine en pointe effilée cette tête pleine de noblesse, dont l'expression habituelle est une gravité hautaine et impassible que ne peuvent altérer ni périls, ni revers.

Cette sévère et digne physionomie est le reflet fidèle du caractère national qui, au sentiment profond et élevé de la dignité personnelle, joint une résignation sans bornes à la volonté de Dieu, considérée comme l'unique et fatal mobile des événements humains. Aucun effroi, aucune muette supplication ne se trahissent dans les regards de l'Arabe vaincu et terrassé. Quoi qu'il arrive, il se contente de murmurer : « *Mectoub !* » — *c'était écrit* ! —

Les Arabes sont belliqueux, ils adorent les chevaux

et les armes. De là leur amour pour la *fantasia* qui pour eux est l'image du combat. Faire parler la poudre est leur suprême bonheur.

Il existe encore chez eux une passion dominante, c'est un goût extrême pour les récits. C'est pour eux un grand plaisir que de se réunir le soir dans leurs campements et d'écouter ou de conter tour à tour des histoires, groupés en cercle et fumant, au bruit des aboiements féroces et continuels des chiens du douar qui font bonne garde autour des tentes et des troupeaux.

On croit généralement que les Arabes se déplacent facilement pour aller habiter successivement des contrées éloignées les unes des autres, on dit d'eux qu'ils sont nomades, expression qui vient de celle plus ancienne de *Numides* ou *émigrants* ; mais ils sont infiniment moins vagabonds qu'on ne se l'imagine, quand ils sont en paix, bien entendu. Les tribus sont au contraire attachées au sol qu'elles cultivent et les déplacements de douars ne s'accomplissent, sauf des cas exceptionnels, comme la guerre, que dans un espace circonscrit par quelques lieues seulement.

Les Sahariens sont les seuls habitants de l'Algérie dont les évolutions périodiques embrassent des espaces considérables; encore sont-elles motivées par les grandes chaleurs de l'été qui rendent leur pays inhabitable et dont ils profitent pour négocier des échanges de marchandises.

Dans leurs rapports avec les Français, les Arabes sont habituellement très affables, je parle naturellement de ceux qui nous sont complètement soumis. Quand on va les voir dans leurs tentes, on y est toujours reçu avec une multitude de salutations, de protestations d'amitié ; on vous fait boire du lait ou du café, fumer, manger, et le chef de la tente a toujours un grand plaisir à montrer ses chevaux, ses armes et ses chiens *slouguis*, sorte de grands lévriers qui courent avec une légèreté, une rapidité prodigieuse.

Mais dans leurs rapports quelquefois forcés avec les Juifs, les *Ioudis*, il n'en est pas ainsi ; car ils les détestent profondément. La réponse suivante d'un Arabe à son maître démontre assez combien ils les méprisent. Un caïd entendait de sa tente les cris aigus d'un Juif que l'on rossait à coups de bâton, et se tournant vers un de ses serviteurs qui se trouvait en dehors : « Qu'est-ce que cela ? » lui dit-il. — L'Arabe répondit simplement : « Ce n'est rien, des cris de Juif ! »

Si l'on suit les Arabes dans leur vie publique, c'est-à-dire dans les rapports qu'ils ont entre eux et les Européens, c'est dans les marchés qu'il faut aller les voir. C'est un coup d'œil très animé et souvent très amusant, que celui de tous ces maraîchers bibliques, les uns attendant patiemment l'acheteur, pompeusement accroupis devant une vieille poule, une demi-douzaine d'œufs, trois oignons, un demi quarteron d'oranges, ou quelques racines de palmier nain, le tout apporté fort souvent de plusieurs lieues ; les autres, plus démonstratifs, invitant du geste et de la voix la pratique à venir à eux sans retard, et offrant avec des cris assourdissants, pour la modique somme d'un sou, des pains-galettes sans levain, des fruits ou des légumes.

Dans les villes, ces marchés arabes se tiennent plusieurs fois durant la semaine ; mais dans les campagnes, où ils ont d'ailleurs plus d'importance, ils sont plus rares. Les indigènes y amènent alors bestiaux et céréales, vendent et achètent. Puis, autrefois, à côté des questions commerciales, on y soulevait souvent des questions politiques. Il est arrivé quelquefois dans ces réunions que des affaires d'intérêt purement local ont, par le fait des agitateurs, dégénéré en vrais tumultes insurrectionnels.

Ce petit aperçu sur les indigènes algériens se rapporte surtout à ceux qui habitent plus spécialement les plaines. Les montagnards ou Kabyles au contraire ont certaines habitudes qui diffèrent complètement, de même que leur caractère qui ne ressemble en rien à celui des Arabes. Mais les Kabyles sont peu nombreux dans la province d'Oran, et, comme nous avons eu peu de rapports avec eux, je n'ai pas à en parler.

Je reviens à notre existence personnelle. Avec le

mois de janvier 1866, le froid survint excessif pendant la nuit : tout gelait, tandis que les journées étaient magnifiques de soleil et de chaleur. Nous n'avions pas encore vu de neige cependant depuis notre arrivée à Sebdou. Il n'en tomba que dans le courant de janvier, et encore seulement sur les montagnes avoisinantes ; ce qui produisait un effet merveilleux quand, au matin, le soleil éclairait ces sommets blanchis se détachant vigoureusement sur un fond de ciel du bleu le plus pur.

L'arrivée de cette neige sur les montagnes faillit nous procurer la visite d'un hôte redoutable et très redouté des Arabes. Chassé très probablement du Maroc par le froid ou la faim, un lion quitta son repaire et s'avança pendant une nuit dans les environs de Sebdou. Il signala sa présence dès le matin en se précipitant au milieu d'un douar situé non loin de Sidi-Iahia, à environ 8 kilomètres du camp, et en enlevant, à deux reprises différentes le même jour, un tout jeune chameau d'abord, puis une jument. Sur le soir, craignant d'être obligés de payer un nouveau tribut à ce carnassier insatiable, les Arabes évacuèrent leur campement et vinrent se réfugier à Sebdou avec leurs troupeaux que l'on parqua dans la redoute. En arrivant ils nous apprirent cette nouvelle déjà si onéreuse pour eux et nous assurèrent que ce lion « *de grande taille* », disaient-ils, ne manquerait pas de se faire entendre bientôt. En effet, vers le milieu de la nuit, plusieurs rugissements formidables, successifs, partis de quelques kilomètres, vinrent frapper nos oreilles, répétés par les échos des montagnes comme de longs roulements de tonnerre. Il en vint encore à nos oreilles le lendemain matin avant le jour : ils semblaient s'être rapprochés, puis ils cessèrent complètement.

Pendant plusieurs jours, les Arabes durent emmener leurs troupeaux aux pâturages après le lever du soleil et les ramener chaque soir dans la redoute, afin de les mettre en sûreté pour la nuit. Sage précaution ; car le lion, qui attendait probablement de son côté l'occasion de tenter un nouveau coup, fit encore entendre ses rugissements pendant les deux nuits suivantes. Voyant qu'il persistait à demeurer dans la contrée, le commandant supérieur du Cercle songea à organiser une chasse contre lui, et les nombreux officiers qui avaient souscrit à cette idée se mirent en route dès le matin du troisième jour. Il y avait à peine une heure que nous avions entendu les derniers rugissements. Mais le lion ne jugea pas, sans doute, à-propos de les attendre ; il détala et nous débarrassa de son dangereux voisinage. Néanmoins, par prudence, les Arabes ne retournèrent dans leur douar qu'après plusieurs jours.

Si cette chasse manquée présentait, au moment de son organisation, quelque émotion en perspective, il en était une autre plus ordinaire qui nous était offerte par le gibier des environs de Sebdou. On y trouvait en effet du sanglier, du lièvre, du lapin et des perdrix rouges en abondance, ainsi que quantité d'oiseaux de toute espèce ; aussi la chasse était-elle une de nos plus agréables distractions. Sans s'écarter beaucoup, on rencontrait même quelquefois des gazelles, car j'ai mangé de ce charmant animal qui avait été tué dans la contrée.

Mon capitaine, M. de Chevroz, qui était un passionné tireur, profitait largement de cette faculté de chasser en toute liberté. Toujours téméraire, il partait à cheval de grand matin, s'éloignait souvent à dix ou douze lieues du camp, s'isolant ainsi au milieu de ce pays naguère en insurrection, à peine pacifié, et nous revenait le soir avec la selle de son cheval garnie de gibier. Il pourvoyait de cette façon à la table des officiers et n'oubliait pas non plus ses sous-officiers auxquels il envoyait de temps à autre quelque pièce toujours bien accueillie. La témérité habituelle de ce pauvre cher capitaine le conduisit à la mort de la façon la plus glorieuse. Dès le début de la guerre de 1870, à la bataille de Frœschviller, désespéré de voir l'armée française battre en retraite devant l'ennemi victorieux, le capitaine de Chevroz chargea seul, le sabre en main, au galop de son cheval, au milieu des masses prussiennes et...... ne revint plus. La disparition de ce brave me fut racontée plus tard par d'anciens camarades, témoins de son audace, qui avaient en vain essayé de le retenir, et qui, comme moi, déplorèrent cette fin héroïque, mais inutile, d'un officier de valeur.

J'ai dit que le gibier comestible était abondant dans les parages de Sebdou; les animaux féroces, heureusement étaient plus rares. Il y avait cependant des lynx, quelquefois des panthères ; on en chassa dans la forêt qui s'étend entre la forteresse et Sidi-Iahia, pendant notre séjour. Mais, déjà à cette époque, leur présence était devenue presque aussi accidentelle que celle du lion. Ce que l'on rencontrait souvent, ou plutôt ce que l'on entendait chaque nuit, comme dans la plus grande partie de l'Algérie, c'étaient les chacals et les hyènes. Celles-ci surtout s'approchaient parfois très près de nous. Il nous arriva souvent, le soir, d'en voir à peu de distance de nos groupes et d'en poursuivre, quand nous étions réunis dans les broussailles, en dehors du camp, autour de grands brasiers ; car, tant que la saison le permit, nous avions coutume de passer ainsi la plupart de nos soirées. Le bois ne manquait pas, nous n'avions que la peine de le couper et de le prendre, et, tandis que nous nous chauffions en mangeant des glands doux cuits sous la cendre, en guise de marrons, quelques-uns d'entre nous, les artistes, égayaient la veillée par des chansons d'un répertoire très varié.

Un autre petit animal encore, dont la piqûre est si dangereuse, le scorpion, pullulait dans les bois des environs de Sebdou. Chaque soir, avant de nous coucher, nous étions obligés de nettoyer avec précaution les alentours des tentes ; néanmoins pendant notre séjour on n'eut à signaler aucun accident causé par cet arachnide.

Cependant l'hiver continuait à nous faire sentir ses rigueurs ; comme beaucoup d'hommes étaient inoccupés, car il était peu question d'exercices, le commandant autorisa tous ceux qui le désiraient à construire des gourbis. Les zouaves ne demandaient que cela depuis longtemps : ils se mirent à l'œuvre avec ardeur et bientôt le camp se trouva réellement transporté, je dirais presque sous terre, à quelque distance de l'emplacement qu'il occupait auparavant.

Les gourbis étaient faits pour quatre, six, ou huit hommes, suivant la fantaisie, ou le bon accord de ceux qui se réunissaient pour les construire et les habiter. Ils avaient à peu près tous une cheminée et fermaient aussi bien que possible, mais par des moyens primitifs. Dans cette construction, la première opération consistait à creuser un trou rectangulaire d'une profondeur de un mètre environ, en ménageant d'un côté des escaliers que l'on consolidait plus tard avec des pieux et des pierres ; puis on s'occupait de la couverture, et c'était là l'ouvrage le plus difficile. On plaçait de jeunes arbres, comme chevrons, les uns à côté des autres, de manière à les faire joindre ensemble à l'une de leurs extrémités, au-dessus du trou, en formant de part et d'autre une pente rapide ; on les maintenait entre eux en les enlaçant de branches feuillues, puis on recouvrait le tout d'une couche épaisse de mortier. Quand l'ensemble commençait à sécher, on passait à l'intérieur et l'on confectionnait les lits, toujours avec la même matière : des pieux fixés en terre, des branches entrelacées et de l'alfa. Ceux qui avaient pu se procurer et utiliser dans cette installation d'anciennes caisses à biscuit, étaient regardés comme de vrais sybarites à la recherche du plus complet confortable. Enfin les cheminées étaient fort habilement établies au moyen d'une pierre tendre, une espèce de tuf, que l'on extrayait des bords de la Tafna et qui convenait à merveille pour cet usage. La construction terminée, on allumait un grand feu pour faire sécher et l'on s'installait.

Le sergent-major de la compagnie, mon excellent ami Guénard, étant rentré à Oran pendant le cours de notre précédente expédition, vint nous rejoindre vers cette époque. Il fit également construire un gourbi, dans le genre de ceux dont je viens de parler. Je l'ai habité avec lui jusqu'au moment de quitter Sebdou. Ce gourbi était aussi commode qu'on pouvait le désirer en pareille occurrence : nous nous y trouvions infiniment mieux que sous la tente. Nous y étions surtout mieux couchés. Mon lit était composé d'une paillasse que j'avais fabriquée avec de l'alfa bourré dans une toile de tente cousue, d'une bonne peau de mouton garnie d'une laine épaisse, pour matelas, de mon turban déroulé et replié en deux qui s'ajoutait à la couverture et enfin de mon hâvre-sac en guise d'oreiller. Là dessus je m'allongeais, tout habillé bien entendu, et je dormais à poings fermés.

En résumé, on ne pouvait pas imaginer quelque chose d'aspect plus original que ce campement fantaisiste. On eût dit un village indien, des huttes de sauvages, bien plutôt que le lieu d'habitation de gens civilisés.

Je rappelais tout à l'heure le nom du sergent-major Guénard : je dois consacrer ici un mot de bon souvenir à ce pauvre cher ami. Je n'eus pas de meilleur camarade. Depuis 1865, j'ai entretenu avec lui jusqu'à la fin, c'est-à-dire pendant 30 ans, les plus cordiales relations. Parvenu au grade de chef de bataillon, le commandant Guénard fut retraité en 1891 et envoyé peu après en Tunisie, comme contrôleur civil et vice-consul de France à Bizerte, où il mourut en 1895, laissant à sa famille et à ses amis, d'unanimes regrets amplement justifiés par ses hautes qualités de cœur, sa fermeté de caractère et une loyauté qui fut à toute épreuve pendant tout le cours de sa longue carrière.

En février, la température sensiblement radoucie nous procura une existence de plein air beaucoup plus agréable que les pluies et le grand froid des deux mois précédents.

Le seul événement important pour moi fut la perte de mon Zou-Zou. Il faut dire d'abord que ce pauvre chien avait des habitudes, ou plutôt des lubies, tout à fait extraordinaires. Ainsi, en garnison, il était la terreur des sergents-majors, parce qu'il avait la manie de leur voler et de mâcher tous les morceaux de gomme élastique qu'il trouvait sur leurs bureaux ; et, quand nous allions au tir à la cible, j'étais toujours obligé de l'enfermer, parce qu'il courait après les balles, dès qu'il entendait les détonations des carabines et voyait le petit nuage de poussière soulevé par la chute des projectiles. A chaque instant il s'exposait ainsi ; ce fut ce qui causa sa fin. Un jour que ma compagnie était allée s'exercer au tir, je l'avais laissé dans mon gourbi, d'où il s'échappa et vint nous retrouver, se dirigeant tout droit vers les cibles. On avait à peine eu le temps de le voir, qu'une balle l'étendait sans mouvement. On me rapporta son cadavre et je n'eus d'autre moyen de conserver le souvenir de ce fidèle compagnon, que de faire préparer sa peau par un de nos zouaves, pour m'en fabriquer une cartouchière.

Dès le commencement de l'année il s'était opéré, dans la situation des trois bataillons du régiment, un changement dont je n'ai pas encore parlé. On avait fait ce que l'on appelle, en terme technique, le tiercement; opération qui consiste à classer à nouveau, par bataillon, chaque compagnie prise isolément, d'après l'ancienneté de grade du capitaine qui la commande.

D'après ce nouveau classement, la 5e compagnie du 2e bataillon, capitaine Deschesnes, dans l'effectif de laquelle je figurais, était devenue 1re compagnie du 3e bataillon et avait reçu l'ordre de se mettre en route le 12 mars pour rentrer à Oran, avec d'autres compagnies passant également au même bataillon.

La 4e compagnie, capitaine de Chevroz, où je remplissais les fonctions de fourrier depuis près de cinq mois, continuait à occuper le même rang au 2e bataillon ; mais le titulaire de l'emploi de fourrier, dans cette compagnie, ayant repris ses fonctions, je dus lui céder la place et reprendre mon rang à l'ex-5e quelques jours avant le départ.

Là, j'étais placé sous les ordres d'un autre de mes bons amis, le sergent-major Menuet, qui se montra heureux de me voir rentrer à la compagnie, tout autant que moi d'y revenir. Nous ne devions pas le conserver longtemps ; il fut nommé sous-lieutenant quelques mois après et je ne devais plus le revoir que quatre ans plus tard, après le siège de Paris, où je le retrouvai capitaine au 120e d'infanterie. Menuet qui avait fait preuve d'une grande énergie tant en Afrique qu'au Mexique, était appelé à un brillant avenir. Hélas ! il eut un moment de défaillance qui brisa sa carrière.

Aux événements du 18 mars 1871, le 120e de ligne occupait la caserne du Château-d'Eau. Dans la journée, la caserne ayant été envahie par une foule considérable de gardes nationaux, les bataillons de ce régiment, sur l'ordre du colonel, durent l'abandonner pour se rendre au Champ-de-Mars et se replier de là sur Versailles.

Deux officiers, un sous-lieutenant et le capitaine Menuet, n'ont pas suivi leur régiment et sont restés à Paris pendant toute la période insurrectionnelle, après avoir accepté un emploi dans l'administration de l'intendance organisée par la Commune. Et cependant Menuet avait un passé irréprochable, il avait toujours été un loyal soldat. « Sa bravoure, disait un rapport, touchait à la témérité. C'était un bon officier, plein d'ardeur en campagne. »

Sa conduite, à mes yeux, ne put s'expliquer que par les termes d'un autre rapport le désignant comme atteint d'un dérangement d'esprit. Toujours est-il qu'après les événements il fut traduit en conseil de guerre et condamné à deux ans de prison et à la destitution. J'appris cette nouvelle avec d'autant plus de peine, que nos relations intimes d'Algérie m'avaient laissé de Menuet le souvenir de la plus profonde estime.

Tandis que nous faisions nos préparatifs en vue de notre prochain départ pour Oran, je fus vivement sollicité pour passer au 2e de spahis, par permutation avec un brigadier-fourrier qui, ancien enfant de troupe au 2e zouaves, cherchait à revenir à mon régiment. Le capitaine-commandant de l'un des deux escadrons campés non loin de nous, s'étant renseigné sur mon compte, m'avait agréé et m'avait fait entrevoir une fort belle perspective d'avancement par suite de circonstances fortuites provenant du départ de plusieurs sous-officiers comptables et du peu de sujets aptes à les remplacer. Selon lui, je devais être, avant un an, maréchal-des-logis-chef dans son escadron.

Tout d'abord cette offre, assez tentante pour moi qui aspirais à reprendre au plus tôt mes galons de sous-officier, m'avait vivement séduit. Je voulus réfléchir néanmoins et, malgré tous les avantages que me présentait mon passage au 2e de spahis, je jugeai plus raisonnable de rester aux zouaves. En effet, j'y avais de bons camarades, tous mes chefs étaient bienveillants pour moi, je ne rencontrais jamais la moindre difficulté, le moindre ennui, dans mon service ; donc je ne devais pas aller ailleurs. En passant aux spahis, au contraire, je changeais non seulement de corps, mais d'arme, je prenais un service nouveau, absolument différent de celui qui m'était familier et je m'y trouvais complètement inconnu, ne pouvant guère espérer que l'appui du capitaine-commandant qui me sollicitait. C'était insuffisant, puisque je pouvais très bien ne plus lui convenir après mon incorporation. Il comprit mes raisons, n'insista plus et je restai aux zouaves où j'avais cependant beaucoup moins de chances d'avancement, car les sujets n'y manquaient pas. Il y avait alors plus de candidats méritants qu'il ne se produisait de vacances.

Sur ces entrefaites nous quittâmes Sebdou au jour fixé, le 12 mars, par la route pierreuse et difficile qui conduit à Tlemcen, à travers les montagnes, pendant l'espace de 37 kilomètres.

Notre petite colonne passa près de la grotte curieuse d'où sort la Tafna, traversa les douars des Beni-Tafraoua situés dans une riche contrée, luxuriante de verdure et dont les habitants, surtout les enfants, vinrent nous regarder passer, tandis que les quelques Arabes, préposés à la garde des tentes, avaient toutes les peines du monde pour retenir leurs chiens qui lançaient contre nous des aboiements féroces.

Le soir, nous campions sur les hauteurs du Djébel-Attar, au milieu d'un bois d'oliviers, à environ 15 kilomètres de Tlemcen, sur un terrain littéralement couvert de sources et, par suite, d'une humidité prodigieuse.

Comme nous n'avions que peu de chemin à faire le lendemain pour arriver en ville, on ne se remit en route que vers huit heures du matin. Quand on arriva sur le versant de la montagne qui regarde le nord, un beau spectacle se déroula devant nous : c'était la campagne fertile qui entoure Tlemcen, avec ses prairies, ses champs de culture, ses vignes, ses bois d'oliviers et de figuiers, toute cette campagne qu'arrosent la Saf-Saf et la Tafna, avec ses nombreux villages parmi lesquels on distingue Mansourah, Bréa, Négrier, Bou-Médine, et enfin, semés çà et là, des marabouts et des mosquées abandonnées qui animent à leur manière le paysage. La vue s'étend même sur un point jusqu'à la mer.

Le Mansourah, *lieu protecteur*, se trouvait à nos pieds ; c'est une ancienne station mauresque qui occupait un espace de forme à peu près carrée. Il n'en restait plus, quand j'y passai, que les quatre côtés figurés par des tours en ruines et une moitié de mosquée. Ces ruines s'élevaient dans la plaine comme celles d'un vaste amphithéâtre. Le nouveau village de Mansourah se trouve placé dans la partie sud de cette grande et curieuse enceinte élevée par Yousef-el-Mansour lorsqu'il assiégea Tlemcen de 1299 à 1307.

Les centres de Bréa et Négrier furent fondés par les Français de 1849 à 1851.

De l'autre côté de Tlemcen, à trois kilomètres vers l'est, la petite ville indigène de Bou-Médine se groupe autour de la belle mosquée et de la tombe du marabout célèbre qui lui a donné son nom. Cette ville sainte des Arabes, qu'ils appellent encore El-Acheud, *l'oratoire*, avait entièrement conservé son cachet d'originalité et même de nationalité, à l'époque où j'étais en Algérie : aucun Européen n'y demeurait, ni même n'y pouvait pénétrer.

Vers onze heures nous étions en ville, logés pour deux jours dans un des nombreux quartiers d'infanterie et de cavalerie construits autrefois par les Turcs.

Quand je dis que nous étions logés, je veux dire que nous n'étions pas tout à fait en plein air, mais simplement abrités et plus mal couchés que jamais, absolument sur la dure. Ma compagnie ne fut pas en effet des mieux partagée. On nous plaça dans un immense hangar ouvert d'un côté et, de l'autre, garni de râteliers et de mangeoires ; le sol était pavé. Nous occupions donc un local destiné à des chevaux, et ce fut sur ces durs pavés, sans le moindre brin de paille, que je me trouvai heureux de dormir pendant deux nuits, à l'abri de la pluie qui tombait à verse.

Tlemcen s'élève sur les ruines d'une ancienne colonie romaine du nom de *Pomaria*. Cette ville est célèbre dans l'histoire : elle fut capitale d'un royaume dont les côtes s'étendaient depuis l'embouchure de la Tafna jusqu'au port de Djidjelli. Les historiens arabes disent merveille de ses palais, de ses mosquées, de ses grandes écoles. Elle conservait encore assez de vestiges de sa splendeur passée pour attester la véracité des récits qui la donnent comme peuplée de plus de cent mille âmes au temps de sa prospérité.

Elle est assise sur un plateau, premier gradin des montagnes qui la dominent au midi et qui, l'abritant contre les vents du désert, font que son climat est généralement tempéré.

Tlemcen se divise en deux enceintes. La ville proprement dite, entourée de remparts solides, se groupe autour d'une seconde enceinte fortifiée, nommée le Méchouar, que les anciens rois avaient fait construire et qui était leur citadelle. Le Méchouar est resté célèbre depuis la belle défense des Coulouglis, fils de Turcs et de femmes arabes, contre les contingents arabes et qui dura près de cinq ans. Abd-el-Kader les y attaquait encore en personne vers la fin de 1835, quand les troupes françaises vinrent leur porter secours et les délivrer. Le Méchouar renferme maintenant des casernes, un bel hôpital et de vastes établissements militaires.

On remarquait à Tlemcen la grande mosquée, la mosquée de Sidi-Brahim, celle de Sidi-Lhassen, chef-d'œuvre fort dégradé de l'architecture arabe ; de nombreux minarets et marabouts, l'église catholique, les débris de ses anciennes fortifications avec leurs portes monumentales, et en dehors de la ville, le grand bassin, immense réceptacle construit primitivement par un des rois de Tlemcen. Ce bassin servit, dit-on, plusieurs fois de champ de manœuvres à un escadron de cavalerie, lorsqu'on le répara.

En résumé, à l'exception de la partie centrale qui a été entièrement reconstruite à l'européenne, la ville avait, en 1866, presque partout conservé sa physionomie arabe.

Nous quittâmes Tlemcen le 15 mars, pour nous rapprocher d'Oran. En traversant le village de Négrier vers huit heures du matin, nous trouvâmes ses habitants en grand émoi. Une panthère s'y était introduite moins d'une heure avant notre passage ; elle avait enlevé un jeune enfant qui jouait sur la route et s'était enfuie dans la montagne avec sa proie. Déjà beaucoup d'hommes étaient partis à sa recherche.

Après midi nous dressions nos tentes au Pont-de-l'Isser, sur les bords de la rivière de ce nom.

Le lendemain nous faisions la grande halte au petit village d'Aïn-Kiâl, *la source des fantômes*, et nous allions ensuite camper à Aïn-Temouchen, par une pluie battante qui dura toute la nuit.

Aïn-Temouchen est une petite ville bâtie sur l'emplacement de l'ancienne colonie romaine, *Timici colonia*. Elle fut fondée par les Français en 1851, aux pieds d'une redoute qui, pendant longtemps, à l'époque de la conquête, fut fort importante par sa situation presque à moitié route d'Oran à Tlemcen.

En partant de cet endroit, le 17, il nous fallut suivre, pendant plusieurs kilomètres, la route établie sur un terrain excessivement léger et complètement défoncé par la pluie torrentielle de la veille. Puis on arriva dans un lieu tristement célèbre, le Chabat-el-Lhâme, *défilé de la chair*, où passe la route. Ce défilé tire son nom de la défense héroïque d'un millier d'Espagnols qui surent y tomber un à un, en faisant face à l'ennemi. De tous ces courageux soldats il ne s'en sauva que vingt, dont quatorze furent menés prisonniers à Tlemcen.

Un peu plus loin nous traversions l'Oued-Melah, rivière salée que nous appelons plus communément, avec les Espagnols, le Rio-Salado et que les Romains nommaient déjà *Flumen salsum*.

On fit la grande halte à El-Raël, puis on alla camper à Lourmel, village que les Arabes appellent Bou-

Rchâch, ou *les Trois puits*, et qui se trouve placé à l'extrémité occidentale du Sebkha, grand lac salé parallèle à la mer.

Le 18, on longea continuellement ce grand lac, au fond jaune légèrement rougeâtre, d'une superficie de plus de 30,000 hectares et dont la surface, rarement cachée par les eaux, se recouvre, pendant les chaleurs de l'été, d'une faible couche de cristaux de sel. Après le déjeuner pris à Bou-Tlélis, où, de même que les jours précédents, beaucoup d'entre nous se régalèrent d'escargots recueillis dans la broussaille, et simplement grillés sur la braise, on s'arrêta vers midi pour camper auprès de Misserghin.

Cet endroit se composait alors de deux parties distinctes : l'ancien village d'origine arabe, où se trouvait autrefois une résidence de campagne des beys d'Oran, et le village neuf fondé en 1844. Misserghin est sur une hauteur, aux pieds des monts Rhamra, à la sortie d'un ravin qui lui envoie d'abondantes eaux, auxquelles cette contrée doit sa fertilité. On remarquait alors dans ce pays une magnifique pépinière entretenue par les pensionnaires d'un orphelinat considérable qui prit naissance dans les anciens bâtiments d'une smalah de spahis.

Enfin, le 19 mars, dans la matinée, nous rentrions à Oran, au camp Saint-Philippe, et, le soir je goûtais avec délices le plaisir dont j'étais privé depuis près de six mois, de me déshabiller pour dormir et de coucher dans un lit. Ils sont pourtant généralement un peu durs, les lits de soldats ; mais combien le mien me parut doux et hospitalier en le comparant à la terre du désert, aux cailloux des camps et aux gros pavés du hangar de Tlemcen !

CHAPITRE VI

Les cafés maures. — Danse arabe. — Les sauterelles. — Le chaouch Mustapha. — Une lettre du colonel Lefebvre. — Je suis nommé sergent-fourrier. — Un bain maure. — Belgirard. — Querelle regrettable. — Mon brosseur Mack. — Permutation. — Chez le général Deligny. — Ben-Daoud. — Dégradation militaire. — Ma dernière garde. — Cavalcade de bienfaisance. — Ma libération. — Mes adieux. — Retour en France.

Les premiers jours qui suivirent notre retour furent employés à réparer le désordre de notre tenue. Nous étions revenus avec des vêtements dans un état lamentable. Nos pantalons de toile, usés par les marches longues et fréquentes, pendaient en loques, et leur décrépitude était soulignée aux endroits indispensables par des morceaux d'étoffe verte empruntés aux extrémités de nos turbans ; nos vestes de drap trouées dans le dos, aux épaules, aux coudes, par un usage constant, avaient été rapiécées à la hâte au moyen de petits carrés de drap rouge provenant de pantalons hors de service. Si bien que, pris isolément, nous présentions absolument l'aspect de débris vénérables d'anciennes mosaïques.

Je ne parle pas de nos figures basanées qui semblaient noires à côté de celles de nos camarades restés à Oran, et qui, rehaussées en laideur par notre bizarre accoutrement, nous donnaient plutôt l'air de brigands que de soldats.

Quand tout fut rentré dans l'ordre, habillement, équipement et écritures, je repris avec plaisir mes observations sur les mœurs des indigènes de la ville algérienne. J'avais pour fourrier un bon camarade qui partageait mes goûts. Nous sortions presque toujours ensemble et, quand nos ressources pécuniaires nous permettaient le luxe du café, nous allions le prendre volontiers de temps en temps dans les cafés maures; puis, pour nous divertir, nous allions terminer notre soirée dans un établissement arabe auquel nous donnions le titre de café-concert.

Les cafés maures ont un cachet particulier pour nous autres Européens; mais il est commun à tous les pays de l'Asie et de l'Afrique soumis à la loi de l'Islam. Les chaises et les tables y sont inconnues; elles sont remplacées par de larges banquettes qui sont adaptées aux murs tout autour de la salle et qui, recouvertes de nattes ou de tapis, suivant la somptuosité du lieu, servent à la fois pour placer les consommations, pour jouer et pour s'asseoir. Dans un des coins de la salle se trouve le laboratoire devant lequel se tient le jeune Arabe qui prépare et sert le café à chaque nouvel arrivant; les murs sont souvent décorés d'arabesques et de citations du Coran.

Quant au café-concert dont j'ai parlé tout à l'heure, il était d'un tout autre genre. La salle était au contraire garnie de petits tabourets autour desquels se groupaient les spectateurs, et, dans le renfoncement de l'un des côtés, se trouvait une estrade sur laquelle se tenaient des musiciens, — s'il est permis d'appeler ainsi ces espèces de mélomanes, — et où venait danser la Mauresque qui faisait les frais de la soirée.

Parlons d'abord des musiciens. Accroupis en demi-cercle au fond de l'estrade, éclairés par les bougies qui brûlaient devant chacun d'eux, ils chantaient sans interruption sur les tons les plus lamentables que l'on puisse imaginer, des chants du pays, c'est-à-dire des histoires dont le fond est invariable, mais qui sont plus ou moins brodées sur « *les infortunes d'une jeune esclave* ». Ils s'accompagnaient en même temps de leurs instruments : l'un râclait, avec une espèce d'archet, un violon à deux cordes ; un autre grattait une mandoline avec une plume ou avec ses ongles ; un troisième agitait sans cesse les grelots d'un tambour de basque, pendant que le quatrième frappait à contre-mesure du bout de ses doigts et du revers de sa main alternativement, sur une *derbouka*, qui n'est autre chose qu'un long vase en terre fermé par une peau tendue. Et tous les quatre répétaient imperturbablement, avec une patience et un sérieux admirables, l'unique phrase mélodique dont se composait leur répertoire. C'était une sorte de *tremolo* brisé et plaintif, alternant, sans aucune transition, du *forte* au *piano* et dont le mouvement rapide était aussi peu en harmonie que possible avec la mesure du chant.

Comme ils ne produisaient dans cette phrase que trois ou quatre notes, toujours les mêmes, c'était assez monotone ; néanmoins ceux qui aimaient ces notes-là devaient être extrêmement satisfaits. Toujours est-il que les indigènes paraissaient ravis.

Pendant que cette musique réjouissante nous charmait les oreilles, on prenait ou du café, ou d'une liqueur alcoolique poivrée, très forte, que l'on servait sous le pseudonyme d'anisette, et l'on fumait force pipes ou cigarettes. Au bout d'une heure on ne s'y voyait plus : la flamme des bougies paraissait comme dans un brouillard.

A ce moment la Mauresque se présentait sur la scène, en avant des musiciens. Elle était vêtue d'un costume oriental soie et or, qui avait eu certainement son époque de splendeur, mais dont les couleurs étaient quelque peu fanées. Sa figure régulière, au teint mat, ses grands yeux noirs, son nez aquilin, ses grosses lèvres s'accordaient d'ailleurs parfaitement avec le costume.

Dès son arrivée la musique quittait son rythme endormant pour prendre une allure un peu plus accentuée, et la danse commençait. D'abord, sans bouger de place, sans remuer les jambes, la Mauresque suivait, avec un mouvement des hanches qu'elle tortillait d'une façon singulière, la mesure plus ou moins vive de l'orchestre, pendant qu'elle agitait mollement à gauche et à droite deux foulards qu'elle tenait de chaque main et dont elle se couvrait le visage quand le mouvement des hanches devenait plus prononcé. Pendant ce temps la musique allait *crescendo* ; alors, les cheveux épars en longues tresses flottantes, l'œil ardent, la bouche entr'ouverte, lès joues enflammées, la danseuse se mettait à tourner lentement sur elle-même ; sa tête inclinée en arrière restait fixe et comme plongée dans un rêve extraordinaire, tandis que son corps était en proie à un frémissement nerveux et continu. De ses lèvres s'échappaient avec effort des chants entrecoupés : c'était une romance arabe dont les paroles étaient psalmodiées sur un air lugubre et que les musiciens ne se lassaient pas d'accompagner toujours sur le même ton.

Au bout de quelque temps il semblait que le délire sensuel, si naïvement exprimé par la Mauresque, avait gagné tous les assistants. Quelques-uns paraissaient extasiés dans des visions superlunaires ; d'autres abjurant le flegme national, riaient, chantaient, vidaient d'un trait leur tasse de café. Plusieurs même s'en prenaient à cet alcool connu sous le nom d'anisette et qui est le nectar par excellence des Musulmans licencieux.

Généralement après une heure passée en ce lieu, nous nous retirions satisfaits, laissant la danse se continuer et les assistants se livrer à leurs plaisirs.

Peu de temps après notre retour à Oran et en coïncidence avec les premières grandes chaleurs, un fléau terrible, assez commun dans le sud de l'Algérie, s'abattit sur la ville et ses environs, nous rappelant une des sept plaies d'Egypte. En une matinée toute la campagne fut complètement ravagée par une immense nuée de sauterelles, connues sous le nom de criquets. Déjà, depuis quelques jours, les vents du désert dominaient avec persistance ; ils amenaient avec eux ces insectes dévorants, car un beau matin la nuée se présenta au-dessus du camp Saint-Philippe. Elle s'étendait en longueur et en largeur à plusieurs kilomètres, et son épaisseur était telle, que la lumière du soleil en fut obscurcie pendant environ deux heures. Le passage des criquets continua jusqu'au lendemain dans la soirée, mais avec moins d'intensité qu'au début. Pendant ces deux journées, on employa tous les moyens imaginables pour obliger les sauterelles à se maintenir dans l'air, afin que le vent, qui les poussait, les précipitât enfin dans la mer. Les propriétaires de jardins, dans le ravin de Ras-el-Aïn, en contre-bas du camp, agitaient sans cesse des banderolles fixées à de grandes perches, ils frappaient à coups redoublés sur des arrosoirs, des casseroles, criaient de toutes leurs forces ; des troupes furent envoyées de tous côtés pour tirer des coups de fusils chargés à poudre, battre du tambour ; enfin dans la campagne on employa même le canon pour les chasser. La plus grande partie de la nuée se noya dans le golfe ; malgré cela il en était tombé sur terre une si grande quantité, que le sol en était couvert comme d'un épais tapis.

Quand nous sortions des baraques pendant le passage de la nuée, les sauterelles nous fouettaient le visage comme le fait la grêle par une giboulée d'orage. Le mouvement de leurs ailes produisait un bruit continu assez semblable à celui d'une grande quantité de feuilles sèches roulées par un grand vent.

Ces criquets étaient énormes. J'en ai ramassé qui mesuraient plus de six centimètres de long. Ils étaient généralement jaunes avec le dessous du ventre gris. Ils sont d'une voracité surprenante : après quelques minutes d'arrêt sur une terre auparavant couverte de verdure, il n'y a plus l'ombre de végétation.

Dans l'esprit des Arabes, ces sauterelles sont un avant-coureur d'épidémies et de guerres.

Le fait est que fort souvent leur apparition est suivie du choléra et du typhus. Cette même année pendant l'été qui suivit leur invasion, il y eut à Oran de nombreux cas de ces maladies. En effet la rapacité des sauterelles n'est pas seule à craindre. L'œuvre de destruction accomplie, elles meurent couvrant de leurs corps d'immenses étendues de terrain ; ces milliers de petits cadavres se décomposent rapidement, surtout s'ils sont dans l'eau, ou sur des terres humides, et deviennent ainsi, pour la contrée, la cause de maladies pestilentielles. Les Arabes ne sont donc pas prophètes quand ils annoncent des épidémies à la suite des sauterelles. Ils ne parlent que d'expérience.

Quant à la guerre, la conséquence est moins fatale ; mais serait-il surprenant de voir éclater le trouble ou la révolte, au milieu de populations fanatisées, réduites à la famine par ces fléaux dévastateurs, alors que leurs récoltes sont anéanties et qu'elles sont obligées de payer l'impôt quand même? Quoi qu'il en soit, l'année suivante, en 1867, la province d'Oran fut éprouvée par une famine épouvantable qui sévit principalement sur la population arabe des tribus, où l'on alla jusqu'à manger des enfants.

Au désert où les sauterelles prennent naissance, il n'y a rien à craindre au point de vue de la destruction; aussi les Bédouins s'en inquiètent-ils fort peu. Ils s'en nourrissent même au besoin, mais seulement quand ils sont à court de vivres, et non point à titre de friandise. Après avoir arraché la tête, les ailes et les pattes de l'animal, ils le font sécher au soleil pour le conserver. Quand ils en veulent manger, ils le réduisent en poussière et mélangent cette farine animale à la farine de blé ou d'orge pour en faire des galettes. Ils les mangent également fraîches, cuites au sel ou rôties. Quant à moi, j'avoue que je n'ai pas été tenté d'en goûter malgré l'abondance qui régnait autour de moi au moment de leur passage.

Pendant cette invasion d'un nouveau genre, on envoya plusieurs compagnies du régiment sur divers points du territoire pour essayer de protéger les récoltes. La mienne fut dirigée sur les terres du village de Sidi-Chamy, où l'agha d'Oran, Mohammed-ben-Daoud, possédait de grandes propriétés cultivées ; ces précautions furent à peu près inutiles.

Jusqu'au mois de mai, il ne se passa rien à noter dans mon existence. Je continuais à m'acquitter de mes devoirs avec le plus de soin possible, dans mes modestes fonctions de caporal, lesquelles m'amenèrent à différentes reprises à faire le service de planton à la brigade, chez le général Legrand. J'aimais ce service, d'abord parce que le général était très bienveillant, ensuite parce que je rencontrais dans l'antichambre un brigadier indigène de spahis, du nom de Mustapha, qui remplissait un emploi journalier chez le général ; c'était en quelque sorte ce que l'on appelle en Algérie, son Chaouch, c'est-à-dire l'exécuteur de ses volontés. Le brigadier Mustapha était un Arabe superbe, d'une correction de tenue parfaite, avec lequel j'avais beaucoup de plaisir à m'entretenir des détails touchant les coutumes de sa race, dans les intervalles de repos qui nous étaient accordés.

Néanmoins tout l'agrément que je pouvais rencontrer dans mon service ne m'empêchait pas de trouver que mon grade de sous-officier se faisait bien désirer, et cependant il n'y avait encore que quinze mois que j'étais aux zouaves et huit mois seulement que j'étais caporal ; malgré tout, en songeant à la situation que j'avais abandonnée sans regrets dans mon ancien régiment et dont je m'étais figuré que l'on me tiendrait compte, j'étais impatient. Je regrettais presque d'avoir décliné les offres qui m'avaient été faites à Sebdou, pour passer aux spahis, lorsque j'appris que mon père, encore plus impatient que moi, avait écrit au colonel du régiment pour s'informer de ma situation et lui demander si j'avais réellement quelque chance d'arriver dans la carrière que j'avais choisie.

Le colonel lui avait répondu par la lettre suivante :

« Oran, le 14 mai 1866.

« Monsieur,

« Je suis heureux de pouvoir faire cesser les inquiétudes que vous avez conçues au sujet de votre fils.

« Le caporal Houdard est bien noté de ses chefs et de son capitaine ; il se conduit bien et n'a même pas encore fait de punitions depuis son entrée au 2e zouaves. Il a été nommé caporal le 1er septembre 1865, il est proposé pour le grade de sergent et celui de fourrier, il n'est pas dans une mauvaise position. L'avancement est, vous le savez, fort lent dans ce moment : c'est à cela qu'il faut attribuer que votre fils ne soit pas encore sous-officier. A cette lenteur, il faut encore ajouter le grand nombre de sujets dignes d'intérêt sous tous les rapports qui se disputent les places quand elles se produisent. Malgré cela votre fils ne doit pas perdre patience et se décourager. Il peut réussir s'il le veut ; tout dépend de lui, de sa conduite, de son zèle dans le service, de l'énergie qu'il déploiera. Je suis porté à croire qu'aucune de ces qualités ne lui fera défaut et qu'en conséquence il peut poursuivre la carrière qu'il a embrassée de son choix. Mais je ne saurais, et vous m'approuverez vous-même, en dire davantage. Les circonstances, les événements, votre fils enfin sont beaucoup plus maîtres de l'avenir que moi. Je promets cependant à votre fils toute ma bienveillance tant qu'il s'en rendra digne et j'espère bien qu'il le sera toujours.

« Veuillez agréer, etc.

« Le colonel du 2e zouaves,

« LEFEBVRE. »

Mon père, en m'apprenant sa démarche, m'envoya la copie de cette lettre qui m'encouragea beaucoup et me fit prendre patience. Mon nouveau grade ne se fit pas trop attendre du reste.

En effet, vers le 15 juin, mon bataillon, le 3e, reçut l'ordre de se préparer à partir dans le Sud, pour aller occuper les cantonnements de Géryville, dans le Djébel-Amour, à l'extrême limite sud-ouest de la province.

Le matin du départ, nous étions alignés sous les armes, sac au dos, quand le capitaine Deschesnes me fit sortir des rangs et me communiqua l'ordre que le colonel lui avait donné la veille au soir, de ne pas me laisser partir avec la colonne, parce que, me dit-il, j'allais être nommé sergent-fourrier, probablement dans une compagnie du dépôt.

Cette nouvelle, à laquelle j'étais loin de m'attendre à ce moment, me surprit considérablement et, tout d'abord, je ne sus si je devais en être mécontent ou satisfait : il me coûtait beaucoup de voir partir sans moi une compagnie dans laquelle j'avais su conquérir l'estime de tous mes supérieurs. Et puis, faut-il le dire, j'aurais aimé d'aller jusqu'à Géryville pour faire connaissance avec toute cette contrée que je n'avais pas encore parcourue, sauf à en revenir peu après.

Le capitaine me complimenta tout en me disant qu'il regrettait de me laisser à Oran ; il me serra la main, puis je fis mes adieux à tous mes camarades et, un quart d'heure après, je me trouvais presque seul au camp Saint-Philippe.

Quand j'avais quitté la compagnie, j'avais été particulièrement sensible aux solides et franches poignées de mains qui m'avaient été données par les zouaves de mon escouade. Cette escouade, la première de la première compagnie du bataillon, était composée de douze vieux soldats animés, comme moi, du meilleur esprit de corps, tous glorieux de leur uniforme. Ils présentaient sous les armes un aspect réellement remarquable par leur belle tenue et aussi par leur taille, car le plus petit des douze était aussi grand que leur caporal, et j'étais à vrai dire d'une taille au-dessus de la moyenne. J'étais donc, à juste titre, fier de ce groupe de zouaves qui ne m'attirèrent jamais aucun reproche et je les vis avec peine s'éloigner de moi, pour longtemps peut-être, me disais-je alors. La suite des événements voulut que ce fût pour toujours.

Pendant la matinée je me rendis à la Casbah. J'y fus placé en subsistance à la 9ᵉ compagnie du 3ᵉ bataillon qui était précisément celle où j'étais demandé pour fourrier. A partir de ce moment, je me considérai à peu près comme nommé, puisque le colonel m'avait empêché d'aller à Géryville, et je me mis à travailler avec le sergent-major en attendant l'ordre de promotion. Du reste, j'étais là en pays de connaissance : cette compagnie était l'ancienne 9ᵉ du 2ᵉ bataillon où j'avais débuté à mon arrivée aux zouaves.

Il n'y avait que quelques jours que j'étais à la Casbah, où nous occupions les bâtiments de l'ancienne prison civile qui allaient être démolis, quand on nous fit repartir pour le camp Saint-Philippe. J'allai donc m'y installer pour la 4ᵉ fois, le jour même où ma nomination de sergent-fourrier parut à l'ordre du régiment. C'était le 28 juin.

Je ne pouvais guère d'ailleurs manquer de redevenir sous-officier à cette époque ; car, ayant fait part de ma nomination à l'un de mes amis parti avec le 3ᵉ bataillon, quinze jours auparavant, il me répondait de Géryville, le 12 juillet, et me disait particulièrement ceci :

« Notre cher Menuet (celui dont j'ai raconté l'aventure) est nommé sous-lieutenant, vous le savez ; en l'annonçant au commandant, le colonel lui demandait un mémoire de proposition pour l'emploi de sergent-major et celui de fourrier. Je suis porté à la compagnie avec le n° 1 pour sergent-major. Quant à l'état de proposition pour fourrier, il faut que je vous raconte ce qui est arrivé. Chargé par le capitaine Deschesnes de porter les états de proposition chez le commandant, ce dernier fut très étonné de voir les noms qui y figuraient et tout à coup il me demande : Et Houdard ? J'eus bientôt fait de lui répondre que vous veniez d'être promu à Oran. Cela a paru le contrarier beaucoup. Vous voyez, mon cher ami, que vous ne pouviez échapper aux galons, et quelle joie c'eût été pour moi, si la chance eût voulu que vous partiez avec nous ; la perte de temps n'eût pas été bien grande et vous auriez certainement remplacé celui qui va être nommé sergent-major à votre ancienne compagnie..... »

Cette nouvelle donna certainement satisfaction à mon amour-propre ; mais j'avais tant regretté de ne pas suivre cette compagnie à Géryville, qu'elle ne fit qu'augmenter mon dépit d'avoir manqué, pour si peu d'intervalle entre les deux vacances, d'être nommé dans un bataillon actif plutôt qu'au dépôt.

Il me fallut bien pourtant me contenter de mon sort et je me trouvai dès lors dans d'excellentes conditions à ma nouvelle compagnie. Mon sergent-major, le méthodique Rouillaux, je devrais dire l'*inamovible*, puisque, très ancien de grade dans sa compagnie de dépôt, il ne la quitta comme tel qu'en prenant sa retraite, mon sergent-major, dis-je, me traitait plutôt en ami qu'en subordonné, je ne pouvais faire autrement que de me plaire avec lui.

Et puis, je retrouvais dans d'autres compagnies logées au camp d'anciens camarades du temps de mes débuts aux zouaves : les uns qui m'étaient très sympathiques, parce que j'avais eu maintes fois l'occasion d'apprécier leur caractère généreux, les autres que j'aimais pour leurs qualités de cœur, leur communauté d'idées avec moi au point de vue militaire, mais dont je ne partageais pas toujours la manière de voir sur les questions étrangères à notre métier. C'étaient, parmi les premiers, le sergent-fourrier de cette époque, Rambaud, aujourd'hui lieutenant-colonel au 62ᵉ d'infanterie, avec lequel je passais souvent de grandes soirées en promenades et causeries agréables en dehors des agitations de la ville ; le sergent Aubertier, un lyonnais, en même temps colon algérien, possédant un domaine de bon rapport à Relizane, et habile dessinateur, jouissant alors d'une certaine vogue avec ses paysages au fusain auxquels il savait donner un cachet d'originalité bien marqué ; c'était enfin, parmi tant d'autres, dont les idées générales différaient quelquefois des miennes, le sergent Langevin qui quitta le service un an après moi, avec les galons de sergent-major. Celui-là était doué des plus grandes qualités d'intelligence, de volonté, d'assimilation de toutes choses ; mais malheureusement ces qualités étaient contrariées par les aspirations les plus subversives. C'était, malgré cela, un joyeux camarade, qui me témoigna toujours une vive amitié et que je revis avec le plus grand plaisir à Paris ; il y avait trouvé un emploi important dans une grande industrie, avant la guerre de 1870. Pendant le siège par l'armée prussienne, il se fit remarquer comme officier de la garde nationale organisée dans Paris, trop remarquer sans doute, car vint la Commune et ses hordes de fédérés qui le portèrent presque au pinacle, en faisant de lui successivement un commandant de bataillon, puis un chef de légion, ce qui équivalait chez eux au grade de colonel. La dernière fois que je vis ce pauvre Langevin, c'était quelques jours avant le 18 mars, de sinistre mémoire ; j'avais été stupéfait de ses théories étranges, de la volubilité de sa parole ; ce n'était plus le camarade que j'avais aimé en Algérie : le séjour de Paris, les événements, l'effervescence du moment, l'avaient, à mon sens, absolument détraqué. Je n'ai jamais su ce qu'il était devenu après la tourmente révolutionnaire.

Je reviens à mon fait. Mon seul désagrément était donc de me retrouver encore une fois au dépôt : quoi qu'il en soit, je fus reconnaissant envers mon sergent-major de ce qu'il m'avait fait demander pour fourrier et je le secondai de mon mieux. Comme il n'était pas ennemi des plaisirs raisonnables, de temps en temps nous mettions le travail de côté et nous allions ensemble de par le monde.

Un jour, ou plutôt un soir, il nous prit fantaisie de nous offrir un bain maure. C'est encore une de ces coutumes algériennes que j'ai du plaisir à rappeler ;

je vais donc faire en sorte de décrire les différentes phases par lesquelles nous sommes passés durant les deux heures qui furent employées à cette curieuse opération.

Les bains maures étant réservés aux femmes pendant le jour, les hommes ne les fréquentent que la nuit. Il était onze heures du soir, quand nous franchissions le seuil de l'établissement de ce genre situé derrière la grande mosquée d'Oran, pour entrer dans une salle basse, assez étroite, péniblement éclairée par une lampe fumeuse dont la lumière vague et tremblante nous laissait à peine distinguer la barbe blanche d'un vieux Musulman, entre les mains duquel on dépose porte-monnaie, montre et bijoux, quand on en a. De là, on nous fit passer dans un corridor encore plus obscur que la pièce précédente, et dès lors nous ne nous appartenions plus.

Deux Mozabites, enfants du désert, préposés à ces sortes d'établissements, s'emparèrent de nous et nous conduisirent dans une salle où bientôt nous étions dépouillés par eux de tous nos vêtements des pieds à la tête. On nous ceignit les reins d'une serviette pour cacher l'indispensable, on nous chaussa de sandales de bois, puis on nous fit monter par quelques marches dans un couloir où déjà la chaleur commençait à se faire sentir. On y resta quelques minutes afin de se préparer à supporter une température plus élevée, puis on nous introduisit dans l'étuve, située au bas d'un escalier tortueux. Cet endroit, voûté, de forme irrégulière, capricieuse, était saturé de vapeurs tellement chaudes, que ma première impression fut que mon Mozabite s'était trompé et m'avait traîtreusement plongé dans la bouilloire du diable. Aussi, dès ce moment, je ne fis plus attention à mon compagnon, je ne m'occupai plus que de moi-même. Cependant, j'avais aperçu au milieu de l'étuve une espèce de refuge circulaire peu élevé, en pierre ou en marbre, je ne sais, et je n'eus rien de plus pressé que d'y aller m'asseoir pour ne pas tomber ; car les dalles qui recouvraient le sol de ce caveau étaient polies à tel point par l'humidité constante qui les imprégnait, que les plus grands efforts d'équilibre étaient nécessaires pour arriver jusqu'à ce refuge sans se laisser choir.

Après quelques minutes de séjour en ce lieu, une chaleur brûlante m'enveloppa ; ma respiration était étouffée par les vapeurs chaudes qui m'inondaient, tandis que j'entendais autour de moi, dans les angles de ce réduit presque obscur, sortir comme des gémissements et psalmodier des chants qui me paraissaient funèbres. Bientôt je transpirais à grosses gouttes, ma poitrine se dilatait et les poumons fonctionnaient en toute liberté.

Alors un grand gaillard, nu comme un ver, noir et luisant comme une taupe, s'approcha de moi et me soutenant par dessous les bras pour m'empêcher de glisser sur les dalles ruisselantes, me conduisit dans un des angles d'où s'échappaient naguère les plaintes qui avaient frappé mes oreilles et où se trouvaient d'autres patients comme moi. Il me fit étendre sur une longue pierre au-dessus de laquelle se trouvait un robinet d'eau chaude, puis il s'accroupit à mon côté pour procéder à l'opération du massage. Il se mit à me presser et me frictionner, dans tous les sens, les membres et le corps, à me faire craquer toutes les articulations en me tirant les bras et les jambes. Le nègre auquel vous êtes ainsi abandonné vous tourne, vous retourne, vous plie, vous replie, vous disloque, semble enfin pétrir la chair, sans que l'on éprouve la moindre douleur. Et, tout en s'acquittant de cette besogne avec le soin le plus minutieux, il s'accompagne d'un chant monotone et nasillard qui peut être très gai dans la langue du pays, mais qui ressemble à s'y tromper à un chant d'enterrement, tant il est lugubre et sépulcral.

Quand mon corps tout enduit de savon fut devenu souple et flexible, le Mozabite, avec sa main droite munie d'un gant tissé de poils de chameau, me frotta encore en tous sens et enleva ainsi les moindres atomes imperceptibles qui pouvaient obstruer les pores de la peau.

La sensation que l'on éprouve durant cette opération de massage est difficile à définir : c'est une prostration voisine de l'anéantissement produite par l'influence énervante de la vapeur, mais à laquelle se mêle un sentiment de bien-être réel, une sorte de béatitude ineffable due sans doute à la présence du fluide magnétique dégagé par les tractions et les passes du masseur.

Enfin mon nègre me débarrassa de tout le savon qui me couvrait, au moyen d'une dernière ablution d'eau tiède et me reconduisit près du refuge, au centre de l'étuve. Là, on m'essuya de la façon la plus complète ; puis un nouvel indigène me recouvrit de linges chauds et me revêtit ensuite d'un ample costume de Bédouin, y compris la coiffure en turban dont il m'enveloppa la tête, fort artistement du reste. L'Arabe qui m'avait ainsi transformé me fit reprendre le chemin de la seconde salle d'où j'étais parti au début, me fit coucher sur un bon matelas et enfin jeta sur moi plusieurs couvertures de laine pour achever d'absorber l'humidité du corps.

Pendant ce repos voluptueux, le sang circule doucement, une température tiède pénètre les membres, la tête se dégage et une quiétude inconnue s'empare de vous. Au bout d'un quart d'heure, un jeune Arabe vint m'offrir une longue pipe qu'il alluma et du thé, ou du café. Je fumai la pipe et bus du thé, avec mon compagnon qui m'avait rejoint. Puis après avoir repris notre tenue militaire et donné chacun, tout compris, la modique somme de vingt-cinq sous, nous regagnâmes le camp vers une heure du matin, beaucoup plus légers et plus souples que nous ne l'avions quitté.

Ces sortes de bains, délassant l'esprit aussi bien que

le corps, nous étaient d'autant plus utiles et agréables que nous étions à cette époque surchargés de besogne. Le régiment avait reçu un renfort considérable de recrues composées en grande partie de jeunes soldats du contingent et d'un certain nombre d'anciens soldats rengagés ou provenant d'autres corps d'infanterie. Avant de passer aux bataillons de guerre, ils durent séjourner pendant plusieurs mois au dépôt. L'effectif de ma compagnie s'éleva, à un moment donné, jusqu'au chiffre énorme de 385 hommes, avec une moyenne, pendant trois mois, d'environ 200 présents par jour.

Dans la masse de ces nouveaux venus, au moment des premières grandes chaleurs, il s'en trouva beaucoup qui ne s'accommodèrent pas facilement des rigueurs du soleil d'Afrique et qui se laissèrent aller à des imprudences fatales. De là, des fièvres, des dysenteries et même des cas de choléra ; toutes choses nécessitant de fréquentes entrées à l'hôpital militaire. De sorte que les mutations nombreuses qui s'en suivaient, augmentées des décès et des renvois en France, apportaient chaque jour des complications dans nos écritures.

Le sergent-major et moi, nous étions alors obligés de passer des journées entières et souvent des nuits au travail, tout en nous faisant aider par des zouaves de la compagnie, où figuraient alors d'anciens sous-officiers comptables rengagés qui nous étaient de très utiles auxiliaires.

Nous avions aussi un secrétaire habituel que sa belle écriture nous rendait précieux. Il était d'ailleurs personnellement fort intéressant, à titre de blessé de la guerre du Mexique, attendant toujours une maigre pension de retraite. Le zouave Belgirard, parisien d'origine, décoré de la médaille militaire, avait eu un genou fracassé à l'attaque du Pénitencier de Puebla, en 1863. Sa jambe lui avait été conservée, mais dans quel état! après environ trois ans passés dans les hôpitaux! Lorsqu'il travaillait à notre bureau, la blessure était à peu près cicatrisée; seulement il ne pouvait se véhiculer qu'au moyen de deux béquilles. Il désertait bien quelquefois le bureau pour la cantine; alors il nous revenait passablement éméché, et rien n'était plus drôle que de le voir, d'une de ses béquilles, menacer ses camarades, en les traitant de vils Mexicains. Quand j'habitais Paris, j'eus plusieurs fois, avant la guerre de 1870, la surprise de le rencontrer, marchant toujours avec ses inséparables béquilles et le pauvre garçon n'était pas heureux. Il regrettait fort le temps où, au régiment, il attendait près de moi cette retraite qui l'aidait si peu à vivre. Après la guerre je ne le revis plus.

Parmi tous ces hommes qui nous étaient venus d'origines diverses, comme je le disais précédemment, il s'en trouvait de caractères difficiles à conduire. L'un d'eux fut cause d'un événement malheureux qui vint jeter momentanément la tristesse dans la compagnie.

Un des anciens soldats nouvellement arrivés, mais qui, n'ayant pas été reconnu apte au service des zouaves, attendait son renvoi au régiment de ligne d'où il était venu, se prit de querelle certain jour avec un tambour de ma compagnie, qui était un excellent sujet. Les camarades de celui-ci se mirent de son côté parce qu'il avait raison, et le querelleur, se voyant plus faible, sortit de la baraque, théâtre du conflit. On ne songeait plus à lui, quand tout à coup on le vit apparaître vis-à-vis l'une des fenêtres ouvertes. Il se mit à invectiver de nouveau le tambour et, avant qu'il ait eût le temps de lui répondre, celui-ci tombait frappé au front par une forte pierre que son adversaire lui avait lancée. On s'empressa autour du blessé pendant que l'autre s'enfuyait.

Cependant, remis de son étourdissement après quelques soins, il pensa d'abord qu'il n'en serait rien ; mais le lendemain matin, le malheureux, se trouvant fort affaibli, se présenta à la visite du médecin qui ne le reconnut pas malade. Il fit tant bien que mal son service. Il se trouva plus malade le soir et se traîna de nouveau à la visite le jour suivant. Le médecin ne le reconnut encore pas malade et le menaça de lui infliger deux jours de salle de police s'il le revoyait encore. La blessure avait, il est vrai, peu d'apparence extérieure : un simple petit trou au milieu du front, d'où s'échappait continuellement un liquide roussâtre. Cependant cet homme s'affaiblissait visiblement. Alors, le sergent-major qui ne manquait pas d'initiative, prit sur lui de le faire conduire à l'hôpital militaire, où il fut admis d'urgence. Deux jours après, notre malheureux tambour était mort. L'autopsie démontra que le crâne avait été fracturé sous le coup de pierre qu'il avait reçu. Le meurtrier fut traduit en conseil de guerre et condamné.

Le fait que je viens de rapporter m'amène à parler d'un autre de nos zouaves qui était bien l'un des plus curieux types militaires de la compagnie. Lorsque je fus nommé sous-officier au dépôt, mon emploi de fourrier me laissait peu le loisir de m'occuper de mes propres affaires et je tenais pourtant à la régularité parfaite de ma tenue Je cherchai donc, parmi nos anciens soldats, un homme pouvant me servir de brosseur. Mon choix s'arrêta sur le zouave Mack ; nous nous connaissions d'ailleurs depuis que j'étais au régiment ; mais c'était la première fois que nous nous trouvions dans la même compagnie. C'était un beau et bon soldat dans toute l'acception du mot. Il avait de plus des états de service qui le recommandaient d'une façon peu banale : plus de vingt ans d'Afrique, des citations pour actions d'éclat, des blessures, et.... une condamnation à mort, qui, heureusement pour lui, avait été commuée en une peine de prison plus ou moins longue, qu'il n'avait pour ainsi dire pas subie, en raison de sa bonne conduite et de ses brillants services.

A voir le zouave Mack, on ne se serait jamais douté

qu'il ait jamais pu attirer sur sa tête une aussi terrible condamnation : c'était l'homme le plus doux, le plus discipliné, le plus serviable que l'on puisse rencontrer. Grand, bien découplé, il avait une tête sculpturale, ornée d'une barbe de patriarche toujours soignée, et portait d'une façon superbe son uniforme irréprochable ; c'était enfin le véritable type du vieux zouave d'autrefois, dont la race commençait à disparaître.

Aussi, quand je sortais en ville, ou quand j'allais à une parade quelconque avec ma tenue réglementaire, ayant passé par ses mains, nul n'avait de guêtres mieux ajustées ni plus blanches que les miennes, nul n'avait de turban mieux roulé ni mieux posé sur la tête que moi. J'étais le modèle des fourriers, au moins quant à la tenue, et personne ne s'en plaignait.

Le bon Mack n'était pas seulement soigneux de mon équipement, il soignait aussi ma propre personne avec une attention toute particulière qui m'obsédait bien quelquefois. Pour lui, il n'y avait rien au-dessus d'une rasade de café noir, bien chaud, prise à l'heure la plus matinale. Tous les jours, avant quatre heures du matin, il arrivait près de mon lit avec une gamelle pleine de café et se mettait en devoir de me réveiller, ce qui n'était pas toujours commode. Souvent, j'envoyais au diable Mack et sa gamelle ; mais il était tenace et n'était content que quand il m'avait vu déguster complètement la ration. Après cela, il me laissait dormir tout à mon aise et vaquait à mon service sans faire le moindre bruit. Je n'ai jamais eu à regretter en quoi que ce soit le choix que j'avais fait de cet ancien condamné à mort.

Je disais tout à l'heure, à propos de ce type militaire dont je viens de parler, que la race des anciens zouaves provenant de la formation de ce corps, commençait à disparaître à l'époque où nous nous reportons dans ces pages. J'en ai connu cependant un certain nombre sous notre drapeau ; mais je les vis partir la plupart en retraite ; ils avaient accompli leurs 25 années de service.

Dans nos rangs figuraient encore quelques vieux sergents décorés de la Légion d'honneur, et chacun d'eux avait une histoire militaire des plus brillantes. Un jour, deux de ces vieux braves qui allaient nous quitter pour aller jouir d'un repos bien mérité, eurent l'idée de se réunir à ceux de leur grade, décorés comme eux, qui se trouvaient à ce moment dans nos compagnies présentes à Oran, pour se faire photographier, et emporter ainsi dans leur retraite, un précieux souvenir de leurs frères d'armes. Ce groupe fort curieux était composé de sept sergents du 2e zouaves, tous chevaliers de la Légion d'honneur et comptant entre eux 45 décorations, croix et médailles, conquises dans toutes les campagnes faites avec le régiment, en Afrique, en Crimée, en Italie, au Mexique.

Il y avait six mois que j'étais au dépôt, quand le

colonel, sachant que mon plus grand désir était de ne pas y rester, me donna satisfaction en me faisant permuter avec un sergent de la 4e compagnie du 2e bataillon, qui devint fourrier à ma place. Ce changement se fit à la date du 1er janvier 1867. Le jour même je fus installé à la nouvelle caserne de la Casbah, dont le 2e bataillon avait pris possession depuis peu, et j'avais le plaisir de me retrouver à la compagnie du capitaine de Chevroz et de mon ami le sergent-major Guénard, que j'avais quittés à Sebdou l'année précédente.

Avec cette nouvelle année, arrivait pour moi le moment de prendre une détermination définitive au sujet de mon avenir. De mon côté, j'étais complètement décidé à poursuivre la carrière que j'avais entreprise et que j'aimais ; mais mon père, quoique satisfait de ma situation au régiment et malgré la certitude qu'il avait de voir ma réussite à peu près assurée, ne partageait pas mes sentiments militaires. Il me demanda de quitter cette carrière, pour revenir auprès de lui. Je n'avais pas oublié que je m'étais engagé un peu malgré lui, qu'il n'avait consenti à cet engagement qu'avec le plus grand regret ; je ne crus donc pas devoir lui résister cette fois, je me soumis à sa volonté et il fut décidé que je quitterais le régiment à l'époque de ma libération. Toutefois je dois ajouter que, dans ma pensée, cette décision prise d'avance n'était encore que provisoire. J'espérais toujours qu'au moment de l'exécuter elle n'aurait pas d'effet.

Pendant les derniers mois qui me restaient donc, en perspective, à séjourner en Afrique, je me plus à revoir une infinité de choses que je connaissais déjà, pour bien graver dans ma mémoire l'impression de ce qui m'avait intéressé.

Dans cet intervalle je fus plusieurs fois chargé du service de sergent de planton au Château-Neuf, à l'hôtel de la Division, près du général Deligny, gouverneur de la province. Ce service durait 24 heures. Il m'arriva un soir de m'égarer dans ses appartements. Un cavalier m'avait apporté un pli à remettre au général. J'allai tout droit au salon où il se tenait. C'était après le repas ; le général prenait son café, en compagnie de quelques officiers de son état-major, mais dans une position si dépourvue de prestige, si peu militaire, que j'en fus tout suffoqué. Jusqu'alors mes illusions de jeunesse ne m'avaient jamais représenté un chef aussi élevé en grade, autrement que sous l'aspect rayonnant et sévère du commandement, sans aucun laisser-aller fantaisiste. Au lieu de cela, je trouvai mon général devant son foyer, étendu sur un grand fauteuil, les jambes en l'air et les talons de ses bottes posés sur le rebord de la cheminée. C'était une désillusion complète. Il me prit le paquet des mains sans mot dire, je fis demi-tour, absolument stupéfait de ce que j'avais vu, et je m'en retournai vivement ; si vivement que je me trompai de porte et qu'après avoir erré à l'aventure, cherchant mon chemin dans la demi-obscurité des pièces que je traversai, je finis par arriver dans la grande salle de l'ancien palais des beys, dont j'ai parlé au commencement de ces *Souvenirs*. Je pus donc l'examiner tout à mon aise avant de sortir dans la cour pour regagner mon poste.

Une autre fois je fus chargé d'une mission d'ordre tout à fait privé, par un officier de l'état-major du général, le lieutenant de chasseurs d'Afrique Ben-Daoud, qui, ayant passé par Saint-Cyr, devint par la suite colonel de spahis. Le lieutenant m'avait envoyé chez son père Mohammed-ben-Daoud, agha d'Oran, qui habitait une maison mauresque, non loin du camp Saint-Philippe, et que je ne connaissais encore que par sa grande réputation ; je ne l'avais jamais approché. J'étais donc curieux de voir de près ce dignitaire indigène. Je fus plus que satisfait, car l'agha vint lui-même recevoir la communication que j'avais à lui faire de la part de son fils, et il m'accueillit d'une façon si courtoise et si digne vis-à-vis de ma situation personnelle si modeste, que je quittai cet Arabe en gardant une impression profonde de sa distinction que relevait encore son riche costume national.

Le bach-agha Mohammed-ben-Daoud, grand-officier de la Légion d'honneur, est mort à Oran, au mois de juillet 1895, âgé de 92 ans. On lui rendit de grands honneurs à ses obsèques et c'était justice, car Ben-Daoud était un homme de bien, de plus un grand ami de la France, un ami de la première heure qui lui fut toujours fidèle. Il ne lui a jamais marchandé sa bravoure depuis 1835, alors qu'il fut appelé à commander des troupes du Maghzen dont il suivit toutes les expéditions au début de la conquête ; il fut blessé plusieurs fois en combattant à leur tête. Plus tard, devenu assesseur indigène au conseil général d'Oran, il donna, pendant plus de trente ans, à cette assemblée, les gages les plus précieux de son dévouement illimité, de son intelligence et de sa grande expérience.

Une triste cérémonie vint à cette époque s'ajouter à *la réunion* de mes souvenirs. Je veux parler d'une dégradation militaire au cours de laquelle je fus appelé à jouer un rôle important.

Deux soldats d'un régiment de ligne, un hussard et un soldat indigène des tirailleurs algériens, condamnés pour différents crimes, soit aux travaux publics, soit à la réclusion et à la dégradation, devaient subir cette dernière peine sur une des places principales d'Oran, devant un détachement de chaque corps de la garnison assemblée sous les armes.

C'est un sergent qui est chargé de dégrader les condamnés ; ce jour-là j'avais été désigné par le sort pour remplir ces désagréables fonctions. Je pris donc le commandement du piquet de service qui se composait d'une vingtaine de zouaves et de deux caporaux et je me rendis avec ma troupe à la prison militaire pour prendre les condamnés et les amener sur la place d'Armes où devait avoir lieu la parade d'exécution.

L'un de ces condamnés était réputé très dangereux : on craignait de sa part un coup de tête pendant le trajet assez long que nous avions à parcourir ; si bien qu'en me les remettant, l'officier de service me fit les recommandations les plus sévères et me donna l'ordre de faire usage des armes, s'il y avait tentative de rébellion ou de fuite ; il ajouta même, pour moi, la menace de 30 jours de prison s'il arrivait un accroc dans le cours de ma mission. J'avais donc à prendre des précautions sérieuses. Je fis former ma troupe en carré bien compact, au centre duquel je plaçai mes prisonniers, puis je fis charger les armes en donnant, à mon tour, des ordres de circonstance ; puis on se mit en marche. J'arrivai heureusement sans incident fâcheux au poste de la place, où toutes les troupes de service se trouvaient réunies.

Je n'ai pas à rappeler les détails de la dégradation que tout le monde connaît ; mais je dois dire que j'en fus vivement impressionné et qu'en me voyant, d'une main nerveuse, arracher les insignes militaires des vêtements des condamnés, je paraissais moi-même plus agité que ceux qui subissaient la peine. Et, la cérémonie terminée par le défilé traditionnel, je fus on ne peut plus heureux de me débarrasser de ces gênants individus et de les remettre l'un après l'autre entre les mains des gendarmes.

Je veux encore relater ici le dernier service de garde que je fis avant ma libération. J'avais été commandé pour le poste de police du Château-Neuf. Ce poste, composé mi-partie de zouaves et mi-partie de soldats de la ligne, était placé ce jour-là sous les ordres d'un lieutenant du régiment d'infanterie alors en garnison à Oran ; c'était, je crois, le 87ᵉ ; j'ai perdu le nom de l'officier. Durant les longues promenades que notre service de vingt-quatre heures nous permit de faire sous la voûte d'entrée qui donnait accès à la vaste agglomération du Château-Neuf, nos causeries s'étendirent naturellement sur notre vie militaire réciproque, et cet officier me raconta un fait qui lui était personnel et que je rappelle dans ces souvenirs parce qu'il me parut fort extraordinaire, bien qu'il soit absolument authentique.

C'était pendant le siège de Sébastopol : ce lieutenant était alors sous-officier. Pendant une action en avant des tranchées, il tomba frappé d'une balle en pleine poitrine. Elle avait pénétré par la partie inférieure du sternum et elle était sortie près de la colonne vertébrale. Peu après, tandis qu'on le relevait pour le transporter à l'ambulance, une deuxième balle russe le frappait dans le dos et sortait par la poitrine, à quelques centimètres au-dessus de la première blessure. Dans l'espace d'un quart d'heure environ, il avait donc eu le corps traversé deux fois en sens inverse par les projectiles. Transporté à l'abri de nouveaux coups, il fut soigné, promptement guéri et ne se ressentait nullement de la violente secousse imprimée à son organisme par ces deux balles successives. Il me montra les deux cicatrices très visibles que conservait sa poitrine, comme preuve des effets bizarres que peuvent produire quelquefois les blessures de guerre.

Enfin l'un des derniers dimanches que j'avais à passer à Oran, fut égayé par une fête très réussie.

La jeunesse européenne et indigène de cette ville, aidée du concours du 2e chasseurs d'Afrique et du 2e zouaves, avait organisé une cavalcade au profit des pauvres. Favorisée par le temps magnifique des premiers jours du printemps algérien, la fête fut splendide. Les costumes de tous les pays et de toutes les époques étaient variés à l'infini, les chars décorés avec beaucoup de goût, les musiques entraînantes, les carrousels et le défilé très réussis, tout cela au milieu d'une foule énorme qui se pressait pour donner aux quêteurs. Aussi les pauvres d'Oran purent-ils se rappeler longtemps cette fête qui, après avoir intéressé leurs yeux, vint plus tard apporter des ressources précieuses à leurs besoins.

Le 27 avril, jour de ma libération du service militaire, était arrivé ; mon père n'ayant pas changé d'avis à l'égard de mon avenir, je ne contractai pas de nouvel engagement et je me disposai à quitter ce régiment où l'existence ne m'avait jamais présenté que des charmes. Je le regrettais d'autant plus, qu'à cette époque la question du Luxembourg était brûlante, que des bruits de guerre avec la Prusse circulaient avec une certaine persistance, à tel point que, sur des ordres discrets, le matériel de magasin du régiment était tenu prêt à embarquer, en cas d'entrée en campagne. Je me souviens même, à ce sujet, que quelques jours après mon arrivée en France, tandis que je me promenais à Nancy, en tenue de sergent de zouaves, avec un fourrier de turcos, on nous demanda maintes fois, dans les rues de la ville, si nos régiments étaient arrivés sur la frontière, tant cette question du Luxembourg passionnait alors l'opinion publique.

En l'absence du colonel qui était en congé, je ne voulus pas quitter le 2e zouaves sans aller remercier le lieutenant-colonel du bienveillant intérêt que tous deux m'avaient témoigné.

M. de Franchessin me répéta ce qu'il m'avait déjà dit : « qu'il me croyait en très bonne voie pour parvenir, mais que, mes parents désirant me voir embrasser une autre carrière, je devais leur donner satisfaction ; que d'ailleurs mon souvenir ne se perdrait pas au 2e zouaves, qu'ayant toujours été soldat fidèle et bon sous-officier, je pourrais toujours revenir au milieu de mes camarades. Il m'assura même que les galons me seraient bientôt rendus, si, ne me plaisant pas dans la vie civile que j'allais trouver si différente de celle des camps, il me prenait envie de reprendre la vie militaire ».

Je fis aussi une visite d'adieu à chacun des officiers de ma compagnie et à ceux du bataillon avec lesquels je m'étais trouvé plus spécialement en rapports de service.

Tous me témoignèrent de l'estime et des regrets, principalement le capitaine adjudant-major Coiffé, qui me dit en me serrant la main : « Vous étiez un des bons sous-officiers du bataillon ; je regrette vivement de vous voir abandonner une carrière que vous pouviez suivre avec un succès certain. » Si je crois devoir citer ces paroles flatteuses, c'est qu'elles avaient à mes yeux une grande valeur, parce qu'elles émanaient d'un officier distingué, appelé à une brillante carrière. En effet, le capitaine adjudant-major de 1867, est aujourd'hui le général Coiffé, inspecteur d'armée, parvenu depuis longtemps déjà au suprême degré de la hiérarchie militaire.

Sous l'impression de ces précieux témoignages de sympathie, je me rendis le 1er mai, à bord de l'*Euphrate*, escorté jusqu'au port d'embarquement par de nombreux amis. Bientôt après, j'avais pris pied dans la chaloupe qui m'emmena vers le paquebot.

A 10 heures du matin on leva l'ancre et l'on fut rapidement entraîné loin de ces belles côtes d'Afrique, loin de ce pays, de ces amis dont le souvenir ne s'est point effacé malgré les années.

A midi nous n'apercevions plus aucune terre, l'*Euphrate* marchait à grande vitesse. Ce bâtiment était alors un des plus beaux paquebots de la compagnie des messageries impériales, et la mer était douce, unie comme une glace, *une mer d'huile !*

Le 2 mai, dans la matinée, nous traversions les îles Baléares, sur la côte ouest de Minorque, en vue d'une petite bourgade dont la blancheur des maisons ressortait avec un vif éclat sur un fond de noires montagnes. Non loin des côtes, un énorme poisson, un souffleur, venait s'arrêter dans nos eaux et fixer notre attention par les deux jets d'eau qu'il faisait sortir de sa tête monstrueuse et lançait en l'air à une hauteur de plusieurs mètres.

Pendant toute la matinée du 3, le bâtiment fut soumis à un très fort mouvement de roulis et de tangage, tandis qu'on traversait le golfe du Lion. Vers midi, le matelot de vigie signala la terre de France. Bientôt elle nous apparut comme enveloppée dans la brume ; mais petit à petit le brouillard se dissipa, le paysage s'éclaircit et les chaudes campagnes des environs de Marseille s'étalèrent à nos yeux.

A 2 heures nous étions dans le port de la Joliette, après une traversée des plus heureuses.

Je ne partis de Marseille que le lendemain matin. Je passai la journée du 5 à Lyon, où je tenais à visiter un de mes anciens capitaines des zouaves, retraité, celui qui m'avait, en 1865, chargé de l'instruction de son fils, et qui me fit un accueil fort aimable. Je fis également une courte visite à un ancien ami du 5e de ligne, devenu sous-lieutenant au camp de Sathonay ; et j'arrivai enfin à Saint-Dizier le 7 mai, dans la matinée, au milieu de ma famille qui m'attendait avec impatience et que je revoyais avec d'autant plus de plaisir que je n'y étais jamais revenu depuis quatre ans.

Ici s'arrêtent les souvenirs de ma vie militaire, fidèlement rapportés. Puissent-ils intéresser mes chers enfants et leur prouver que je me suis toujours efforcé d'employer utilement les quelques années que j'ai passées au service de mon pays.

TABLE DES MATIÈRES

CHAPITRE V

CHAPITRE VI

Imp. G. Saint-Aubin et Thevenot. — J. Thevenot, successeur, Saint-Dizier (Haute-Marne).